BIBLIOTHÈQUE

DE

DROIT COMMERCIAL.

BIBLIOTHÈQUE

DE

DROIT COMMERCIAL,

PRÉCÉDÉE

D'UN DISCOURS SUR L'ORIGINE ET LES PROGRÈS
DE CE DROIT;

PAR J. M. PARDESSUS,

CONSEILLER A LA COUR DE CASSATION,
PROFESSEUR DE DROIT COMMERCIAL A LA FACULTÉ DE PARIS,
MEMBRE DE LA CHAMBRE DES DÉPUTÉS, ET DE LA LÉGION-D'HONNEUR.

A PARIS,

DE L'IMPRIMERIE D'A. ÉGRON,

rue des Noyers, n° 37.

1821.

BIBLIOTHÈQUE

DE

JURISPRUDENCE COMMERCIALE.

I.

TABLE

DES DIVISIONS ET SUBDIVISIONS.

TROISIEME DIVISION.

Ouvrages qui traitent des règles communes à toutes sortes de conventions commerciales.

QUATRIEME DIVISION.

Ouvrages qui traitent spécialement des contrats appartenant au commerce de terre.

CINQUIEME DIVISION.

Ouvrages qui traitent particulièrement du Droit maritime.

SIXIEME DIVISION.

Ouvrages qui traitent des Sociétés commerciales. cxix

SEPTIEME DIVISION.

Ouvrages qui traitent des Faillites et Banqueroutes.

HUITIEME DIVISION.

Ouvrages relatifs à la Juridiction commerciale.

NEUVIEME DIVISION.

Ouvrages sur le Droit commercial particulier des divers États autres que la France.

AVERTISSEMENT. (*)

Une bibliographie du Droit Commercial présente assez de difficultés, pour que je puisse espérer qu'on voudra bien accueillir favorablement et juger avec quelqu'indulgence celle que je publie.

Il n'en existe point et n'en a même jamais été entrepris en France. On sera peut-être surpris, qu'il n'en existe point aussi en Allemagne, où l'exactitude et la patience des bibliographes se sont exercées avec tant de succès, non-seulement sur l'ensemble du droit, mais encore sur un grand nombre de matières spéciales.

Les Nouvelles Littéraires allemandes de 1703 avoient annoncé un ouvrage qui devoit procurer aux jurisconsultes, en ce qui concerne le Droit Commercial, les avantages qu'ils trouvoient pour le Droit naturel, le Droit public, le Droit romain, le Droit féodal, le Droit canonique, et la plupart des autres parties de la jurisprudence, dans une multitude d'ouvrages qui ont acquis une perfection toujours croissante, et sont singulièrement multipliés dans les pays étrangers.

Le titre de l'ouvrage annoncé est assez curieux pour que je le transcrive en entier :

Bibliotheca Mercatoria, Maritima et Nautica, in quâ omnes et singulæ materiæ, quæ præstantissima mercatorum negotia tàm terrestria quam maritima, et quæ ab iis dependent, non solùm per omnia Germaniæ loca, sed et reliqua regna et provincias in et extrà Europam spectant et concernunt : quicquid nempè scriptum de iis extat,

---

(*) Il est important de consulter l'*Errata* qui est à la suite de la Table alphabétique des noms d'auteurs.

*et ubi hæc vel illa pars seu documentum statutum et pri-
vilegium semel iterumque in libris passim relatum et
reconditum reperitur remissivè tanquam per indicem
plenariè tractantur et recensentur; ità ut consensu et suf-
fragio omnium prudentum hæc Bibliotheca, veluti opus
multorum annorum levamenque alienorum laborum, omnibus verè doctis et litteratis, præsertim verò iis, qui in
civitatibus mercatoriis et maritimis degunt, itemque
omnibus commerciorum directoribus, præfectis et consi-
liariis, et ad hæc deputatis magistratibus et judicibus,
consulentibus et advocatis, in judicando et decidendo,
consulendo vel advocando, imò omnibus curiosis ac pru-
dentibus mercatoriis quovis in mercimoniis occurrente
casu, citra laboris et temporis dispendium magno eorumdem emolumento et solatio quam maximè inservire ac
usui esse posset.*

Ces Nouvelles annonçoient que ce travail, qu'on dé-
claroit presque achevé, étoit de THURMANN, déjà connu
par d'autres bibliographies (1); mais il n'a jamais paru,
au moins à ma connoissance.

Je suis parvenu seulement à me procurer un petit volume in-12 de 62 pages, imprimé à Francfort en 1787,
intitulé : *Litteratur für Kauflente oder Anführung zur
Handlungs Wissenschaflitchen Bücherkunde.* J'ai lieu
de croire, d'après ma correspondance et mes recherches,
qu'il n'existe point d'autre bibliographie de Droit Commercial ; et ceux qui liront ce livre seront facilement
convaincus qu'il ne m'a été d'aucun secours.

---

(1) *Bibliotheca Canonicorum.* Hal., 1700, in-4. — *Bibliotheca
Duellica.* Hal., 1700, in-4. — *Bibliotheca Cambialis.* Hal., 1701,
in-4. — *Bibliotheca Satistica.* Hal., 1701, in-4. — *Bibliotheca
Salinaria.* Hal., 1702, in-4.

S'il est probable que la difficulté du travail annoncé n'a pas permis de l'achever, et si les jurisconsultes allemands, à la fois plus habitués aux recherches, et plus à même de les faire avec fruit, par l'abondance des secours qui leur sont offerts, ont reculé devant cette entreprise, je peux justement craindre que la mienne ne soit taxée de témérité.

Mais aussi j'ai lieu d'espérer qu'on m'accordera l'indulgence que mérite tout ouvrage, utile dans son objet, commencé sans modèle, continué et achevé dans des circonstances qui en ont accru la difficulté.

L'occasion qui m'a conduit, et les motifs qui m'ont décidé à rédiger mes leçons de Droit Commercial en un corps d'ouvrage (1), sont les mêmes qui me conduisent et me décident aujourd'hui à offrir cette bibliographie au public.

Habitué à faire connoître, avant de traiter une matière, les noms et les écrits des jurisconsultes qui avoient éclairci l'ensemble ou quelques parties de cette matière, et conduit chaque année, tant par mes recherches que par la louable curiosité des étudians, à joindre de nouvelles indications aux précédentes, je suis parvenu à former une collection assez étendue.

J'ai cédé aux instances réitérées qu'on m'a faites de la publier.

Dans un travail où l'exactitude est le seul mérite qu'un auteur ait le droit de faire valoir, j'ai dû me tracer quelques règles que je vais faire connoître, afin d'éclairer ceux qui voudront entreprendre la même tâche, et de les mettre à même de faire mieux, en profitant de mes fautes et de mon expérience.

____

(1) La première édition, publiée de 1814 à 1816, 4 vol. in-8°; la seconde, en 1821, 5 vol. in-8°.

Je me suis borné aux seuls ouvrages qui concernent le commerce, dans ses rapports avec les lois privées relatives aux négociations qu'il produit.

On n'y trouvera donc point les noms justement estimés d'ANDERSON, BREDOW, FISCHER, FOURNIER, HEEREN, HUET, JORIO, JULIEN, MORISOT, SCHEFFER, SCHLOZER, SCHMIDT, ZSCHACKWITZ, et d'un grand nombre d'autres qui ont écrit l'histoire du commerce. A plus forte raison je n'y ai pas compris ceux des écrivains qui se sont spécialement occupés du commerce particulier d'une nation ou d'une seule époque.

Je n'ai fait d'exception que pour les écrits qui, ayant traité l'histoire de la législation commerciale, pouvpient offrir aux jurisconsultes des éclaircissemens utiles à l'intelligence des lois dont ils présentoient les sources et les développemens successifs.

Je n'ai pas cru aussi devoir faire entrer dans cette bibliographie, les ouvrages dits d'*économie politique*, où le commerce est considéré en pure théorie, et dans les rapports qu'il peut avoir avec la prospérité des nations.

Loin de moi la pensée que les traités d'un grand nombre d'écrivains anciens et modernes, français et étrangers, qui ont créé et développé la science de l'économie politique, soient déplacés dans la bibliothèque d'un jurisconsulte; mais tout en reconnoissant leur mérite, on ne sauroit nier qu'ils sont d'un foible secours pour l'avocat appelé à résoudre les difficultés qui peuvent naître d'une question commerciale, et pour le magistrat chargé de la juger.

Je n'ai point compris encore dans cette bibliographie, les ouvrages qui traitent du matériel des opérations commerciales, sans rapport avec les lois qui les régissent; on en devine aisément les motifs. En un mot, mon unique intention a été de faire connoître ce qui traite du Droit Commercial *positif*, tel qu'on l'étudie dans les Facultés, qu'on le pratique dans les cabinets des jurisconsultes, qu'on l'applique dans les tribunaux.

Je ne pouvois, toutefois, sans dépasser les bornes raisonnables et composer une bibliographie universelle, admettre les ouvrages qui ont traité de matières et de plusieurs contrats communs au droit civil et au droit commercial, lorsqu'ils n'avoient pas été composés dans un but d'application spéciale à ce dernier.

On ne trouvera donc aux titres des obligations en général, de la vente, des louages, etc., que les ouvrages qui, en expliquant les principes du droit commun, les ont présentés avec les modifications que la nature des négociations commerciales rend nécessaires pour décider les questions qu'elles peuvent faire naître.

Tout en me bornant aux écrits qui ont traité spécialement de l'ensemble ou de certaines parties de la législation commerciale, j'aurois pu rendre cette bibliothèque deux fois plus volumineuse en y insérant, par articles séparés, chacune dès dissertations qui se trouvent dans ANSALDI, CASAREGIS, SAVARY, et autres auteurs que j'ai rangés parmi les *polygraphes*; mais alors j'aurois composé moins une bibliographie qu'une table des matières de ce qui a été dit sur le Droit Commercial.

Peut-être me reprochera-t-on de n'avoir pas du moins indiqué des dissertations diverses qui se trouvent éparses, dans les œuvres d'illustres jurisconsultes et professeurs, tels que BOHEMER, BAVER, BYNKERSOECK, DE CRAMER, GUNTER, HOMMEL, HUGO, KLEIN, KNORE, LAUTERBACH, LEYSSER, de LUCA, OVERBECK, PANLZOW, PUFFENDORF, PUTTMAN, RUNDE, SCHEDEL, SELCHOW, STRUBEN; dans les décisions des Rotes de Rome, de Florence, de Gênes, ou des Cours de justice de France, d'Angleterre, de Hollande, de divers tribunaux ou facultés d'Allemagne; ou enfin dans les dictionnaires de droit.

Je sais tout ce que ces vastes dépôts contiennent et pourroient offrir de précieux; mais le travail qu'auroient exigé les recherches, l'indication et le classement de ces matériaux, surpassoit mes forces et mes moyens. La plupart de ces ouvrages sont rares, difficiles à se procurer en France. Quand même je serois parvenu à les posséder tous, des années entières ne m'auroient pas suffi pour en extraire tout ce qui concerne le Droit Commercial; et je n'aurois pu encore, après avoir vaincu ces difficultés, me flatter d'avoir tout découvert, tout fait connoître.

Je dois beaucoup à l'immense bibliothèque de Lipenius, à celles du Droit de Change qu'ont publié Beseke et Scherer, et je n'ai pas négligé les indications qui accompagnent les élémens de Droit Commercial de Musæus, et de Martens, dont la perte récente est si grande. Ces secours n'ont pas été aussi abondans pour les autres pays, que pour l'Allemagne. Un grand nombre d'ouvrages français, hollandais, anglais, espagnols, italiens, paroissent n'avoir pas été connus, ou du moins n'avoir pas été cités par ces auteurs.

Quelqu'exactitude que j'aie apportée, dans mes recherches, je ne me dissimule pas que le titre d'un grand nombre d'ouvrages a pu m'échapper; j'en ai aussi omis quelques-uns volontairement. Toutes les fois que je n'ai pu me procurer le titre entier d'un livre, le lieu et l'année de l'impression, je l'ai omis; car la qualité la plus essentielle d'une bibliographie est, ce me semble, qu'elle ne désigne que des ouvrages sur l'existence desquels il ne puisse s'élever aucun doute.

Sur plus de 1700 articles dont se compose ma Bibliographie, j'en possède près de mille dont plusieurs sont dus à la générosité de M. le professeur Haubold, de Leipsick. Ainsi, le plus grand nombre des titres a été vérifié sur les exemplaires. Quand cette vérification m'a été impossible, j'ai fait une comparaison scrupuleuse des renseignemens que je m'étois procurés, et l'examen de toutes les bibliographies qui les indiquoient; ces précautions me permettent de croire qu'il ne s'est glissé d'autres erreurs que celles qu'ont pu occasioner mon peu d'usage de la langue allemande, et les fautes, presqu'inévitables, des ouvriers imprimeurs.

Au surplus, je recevrai avec joie toutes les observations qui me seront adressées; et si mon travail obtient la faveur d'une autre édition, je ne manquerai pas d'en faire usage.

Je ne me suis permis aucun jugement sur les auteurs. Les élémens nécessaires me manquoient; mon plan s'y opposoit lui-même. Ce n'est que dans une bibliothèque choisie, composée d'un petit nombre d'ouvrages, qu'on peut motiver son choix.

Un classement méthodique me paroissoit indispensable; j'ai adopté l'ordre des matières de mon Cours de Droit Commercial.

J'ai cru cependant devoir consacrer une division particulière à des écrits qui m'ont paru spécialement relatifs au droit et aux usages locaux anciens ou encore existans de quelques pays. Je les ai classés dans l'ordre alphabétique des États dont ils font connoître le Droit commercial particulier.

La difficulté de placer chaque ouvrage, dans la division ou subdivision qui me paroissoit lui mieux convenir, m'a souvent arrêté, parce qu'un grand nombre, et surtout les dissertations académiques, traitent l'ensemble de la matière dont leur titre indique seulement un point particulier.

Je suis loin de présumer que le classement que j'ai fait soit le meilleur : heureux si l'on veut bien croire que j'ai fait pour le mieux. Une table alphabétique des noms d'auteurs facilitera d'ailleurs les recherches.

Après avoir exposé mon but et le plan que j'ai suivi, il ne me reste plus qu'à terminer, comme j'ai commencé, par demander une indulgence que la nature de mon entreprise et les circonstances dans lesquelles je l'ai exécutée peuvent me faire espérer.

Si c'est un titre pour l'obtenir, que de sentir toute l'étendue du travail qu'on s'impose, je crois qu'elle ne me sera pas refusée. La bienveillance avec laquelle mes essais ont été accueillis jusqu'à présent, a pu seule me faire oublier que mes forces n'étoient point en proportion avec la difficulté du succès.

BIBLIOTHÈQUE

DE

JURISPRUDENCE COMMERCIALE.

PREMIERE DIVISION.

OUVRAGES GÉNÉRAUX SUR LE DROIT COMMERCIAL.

PREMIÈRE SUBDIVISION.

Dictionnaires.

1. Azuni (Dom.-Alb.). Dizzionnario universale ragionato della Giurisprudenza mercantile; [Dictionnaire universel et raisonné de Jurisprudence commerciale]. *Nizza*, 1786. 4 vol. in-4°.

2. Baldasseroni (Ascan.). Dizzionario della Giurisprudenza mercantile; [Dictionnaire de Jurisprudence commerciale]. *Firenza*, 1810-1811. 2 vol. in-4°.

3. Baudeau (Nicolas). Dictionnaire du Commerce de l'Encyclopédie méthodique. *Paris*, 1783. 3 vol. in-4°.

4. Berghaus (J.-Jos.). Encyklopaedie der Kaufleüte [Encyclopédie du Commerçant]. *Münster*, 1809. 3 vol. in-8°.

5. Daubanton (Grég.-Ant.). Dictionnaire du Code de Commerce, ou le Code de Commerce avec tous les

articles des Codes civil et de Procédure qui y ont rapport. *Paris*, 1818. 2 vol. in-12.

6. DAUBANTON (Grég.-Ant.). Répertoire de la Législation commerciale, intérieure et extérieure. *Paris*, 1810. 2 vol. in-8°.

7. LUDOVIC (C.-G.). Never offn. Akademie der Kaufleüte, oder Encyklopädisches Kaufmans-Lexicon, umgearbeitet von SCHEDEL; [Nouvelle Académie des Commerçans, ou Dictionnaire encyclopédique de Commerce, revu par SCHEDEL]. *Leipzig*, 1797 et suiv. 6 vol. in-8°.

8. MONTEFIORE (Joh.). Commercial Dictionary; [Dictionnaire commercial]. *London*, 1803. 1 vol. in-4°.

9. MORTIMER (Thom.). Dictionary on Trade, and Commerce; [Dictionnaire de Trafic et Commerce]. *London*, 1766. 1 vol. in-fol.

10. POSTLEHTWAYT (Mal.). Dictionary on Trade; [Dictionnaire de Commerce]. *London*, 1766. 2 vol. in-fol.

11. ROLT (M.). A new Dictionnary of Trade and Commerce; [Nouveau Dictionnaire du Trafic et Commerce]. *London*, 1761. 1 vol. in-fol.

12. SAVARY (J.). Dictionnaire du Commerce. *Paris*, 1748. 3 vol. in-fol. — *Genève*, 1750. 6 vol. in-fol., y compris le Parfait Négociant. *Copenhague*, 1759. 5 vol. in-fol. (*).

(*) Une nouvelle édition de ce Dictionnaire, en 5 vol. in-fol., avoit été proposée par souscription, en 1769. Le *Prospectus*, composé par l'abbé Morellet, a seul paru. *Paris*, 1769. 1 vol. in-8°.

13. Manuel des Négocians, par ordre alphabétique.
Lyon, 1706. 3 vol. in-12.

14. Dictionnaire portatif de Commerce. *Copenhague*,
1762. 7 vol. in-8°.

15. Il Mentore perfetto dei Negozianti, Dizzionario;
[Guide parfait des Commerçans, par ordre alpha-
bétique]. *Trieste*, 1793 à 1797. 5 vol. in-4°.

16. Dictionnaire universel de Commerce, Banque, etc.
Paris, 1810. 2 vol. in-4°.

DEUXIÈME SUBDIVISION.

*Traités méthodiques et Commentaires sur
l'ensemble du Droit commercial.*

17. BEAWES (Windham). Lex mercatoria, or a complete Code of commerciale Laws, enlated by CHITTY;
[Loi marchande, ou Code complet de Lois commerciales, augmenté par CHITTY]. *London*, 1813.
2 vol. in-4°.

18. BECKMANN (J.). Einleitung zur Handlungs Wissenschaft; [Introduction au Droit commercial].
Götting., 1789. 1 vol. in-8°.

19. BERGHAUS (J.-J.). Lehrbuch der Handlungs
Wissenschaft; [Institutes de la science du Com-
merce]. *Münster*, 1801. 2 vol. in-8°.

20. BORNIER (Phil.). Commentaire sur l'Ordonnance
de 1673. *Paris*, 1749. 1 vol. in-12.

21. BOUCHER (P.-B.). Science des Négocians, suivie

d'un Commentaire sur l'ordonnance de 1673, et d'un Dictionnaire de Commerce. *Paris*, 1801. 1 vol. in-4°.

22. BOUCHER (P.-B.). Institutions commerciales. *Paris*, 1801. 1 vol. in-4°.

23. BOUCHER (P.-B.). Les Principes du Droit civil proprement dit et du Droit commercial, comparés. *Paris*, 1804. 2 vol. in-8°.

24. BOUCHER (P.-B.). Manuel des Commerçans, ou Commentaire sur le Code de Commerce. *Paris*, 1808. 2 vol. in-8°.

25. BOULAY-PATY (P.-P.). Observations sur le projet de Code de Commerce. *Paris*, 1802. 1 vol. in-8°.

26. BOUTARIC (François). Explication de l'Ordonnance de Louis XIV sur le Commerce. *Toulouse*, 1743. 1 vol. in-4°.

27. BRANDMULLER (Jac.). Dissertatio de Mercaturâ. *Basil.*, 1669. in-4°.

28. BUSCH (J. G.). Theoretisch practische Darstellung der Handlung in deren mannigfaltigen Geschaften; [Exposition théorique et pratique du Commerce dans toute son étendue]. *Hamburg*, 1792 et années suivantes. 5 vol. in-8°.

29. CONRINGIUS (Herm.). Dissert. de Commerciis et Mercaturâ. *Helmst.*, 1666. in-4°.

30. COTRUGLI (Bened.). De Mercaturâ, libri quatuor. *Venetis*, 1573. in-fol.

31. CUNNIGHAMS (Tim.). Merchant Lawyer, or the Law of the Trade in general; [L'Avocat des Commerçans, ou Recueil des Lois sur le Commerce]. *London*, 1768. 2 vol. in-8°.

32. Delaporte (J. B.). Commentaire sur le Code de Commerce. *Paris*, 1812. 2 vol in-8°.

33. Delvincourt (C. E.). Institutes du Droit commercial. *Paris*, 1810. 2 vol. in-8°.

34. Fournel (J.-F.). Commentaire sur le Code de Commerce. *Paris*, 1807. 1 vol. in-8°.

35. Fravenburger (Jos.-Germ.). De Mercaturâ. *Altorf.*, 1626. 1 vol. in-4°.

36. Hafener (Chris.). Dissert. de Mercaturâ. *Basil.*, 1607. in-4°.

37. Hayneccius (Gottofr.). Tractatus de Mercaturâ et ejus Jure. *Lipsiæ*. 1671. in-4°.

38. Hevia-Bolano (Jos. de). Laberinto de Commercio terrestre y navale; [Labyrinthe du Commerce de terre et de mer]. *Madrid*, 1619. 1 vol. in-4°, et 1797, in-fol. — Le même ouvrage traduit en latin. *Florence*, 1702. 1 vol. in-fol.

39. Jacobs (G.). Lex mercatoria, or the Merchant's Companion; [Loi marchande, ou Guide des Commerçans]. *London*, 1718. in-8°.

40. Jorio (Mich.). Giurisprudenza di Commercio; [Jurisprudence du Commerce]. *Napoli*, 1799. 4 vol. in-4°.

41. Jousse (Dan.). Commentaire sur l'Ordonnance de commerce du mois de mars 1673. *Paris*, 1761. 1 vol. in-12.

42. Koch (Dan.). Dissertat. de Jure mercatorio. *Altorf.*, 1666. in-4°.

43. Lauterbach (Volf.-Ad.). Dissert. de Jure in curiâ Mercatorum usitato. *Tubing.*, 1665. in-4°.

44. LECLERC. Instruction sur les affaires conten-
tieuses des Commerçans. *Paris*, 1789. 1 vol. in-12.

45. LEICKHER (Fred.-Jac.). Juris mercatorii delibata. *Altorf.* 1780. in-4°.

46. LEMKENIUS (Herm.). Dissert. de Jure singulari
Mercatorum. *Rostoch.*, 1660. in-4°.

47. LÉOPOLD. Manuel des Commerçans, ou Guide
en Affaires commerciales. *Paris*, 1812. 1 vol. in-12.

48. LOBETHAN (F.-G.-A.). Grundsätze des Handlungsrechts ; [Elémens de Droit commercial].
Leipsig, 1796. 1 vol. in-8°.

49. LOCRÉ (J.-G.). Esprit du Code de Commerce.
Paris, 1807 et années suivantes. 10 vol. in-8°.

50. LUDOVIC (Car.-Günth.). Grundriss eines voll-
ständigen Kaüfmanns-Systems; [Plan d'un Système
complet de Droit commercial]. *Leipsig*, 1768.
1 vol. in-8°.

51. MALYNES (Ger.). Consuetudo vel Lex mercatoria, or ancient Law merchant to wich are added
much particulary tracties; [Anciennes Lois commerciales, auxquelles ont été ajoutés plusieurs Traités
particuliers]. *London*, 1686. in-fol.

52. MARQUADUS (Joh.) De Jure Mercatorum et Commerciorum singulari. *Francf.*, 1662. 2 vol. in-fol.

53. MARTENS (G.-Fred.).Grundriss des Handelsrechts
insbesondere des Wechsel und Seerechts ; [Plan de
Droit commercial, particulièrement du change et
des lois maritimes]. *Götting.*, 1805. 1 vol. in-12.

54. MASSON (Philib.-Jos.). Instruction des Négocians.
Blois, 1766. 1 vol. in-12,

55. MAUGERET (L.-Ch.). Commentaire sur la Législation commerciale. *Paris*, 1808. 3 vol. in-8°.

56. MAY (Joh.-Car.). Versuch einer allegmein Einleitung in die handlungs Wissenschaft; [Essai d'une Introduction générale à la science du Commerce]. *Leipsig*, 1799. 1 vol. in-8°.

57. MUSÆUS (J.-Dan.-H.). Anfangsgründe des Handlungs und Wechselrechts; [Elémens du Droit commercial et de change]. *Hamb.*, 1799. 1 vol. in-8°.

58. NERGER (Joach.). De Jure mercaturæ. *Vittemb.*, 1671. in-4°.

59. NICODÊME (P.J.). Exercice des Commerçans. *Paris*, 1776. 1 vol. in-4°.

60. NOORDKENERK (Herm.). De Commerciis ex Jure gentium. *Lugd. Bat.*, 1728. in-4°.

61. OLPIUS (Sev.-Chris.). De Jure Mercatorum. *Jenæ*, 1663. in-4°.

62. PARDESSUS (J. M.). Elémens de Jurisprudence commerciale. *Paris*, 1811. 1 vol. in-8°.

63. PARDESSUS (J. M.). Cours de Droit commercial, seconde édition. *Paris*, 1821. 5 vol. in-8°.

64. PETON. Instruction sur les matières consulaires. *Lyon*, 1764. 1 vol. in-4°.

65. PREIBISSIUS (Ch.). Diss. de Jure mercaturæ. *Lipsiæ*, 1618. in-4°.

66. RATCLIFFES (Wm.). Trade Laws compiled from the latest authorities; [Lois commerciales compilées dans les autorités les plus modernes]. *London*, 1787. 2 vol. in-8°.

67. Reinhard (Jo.-Car.). Observationes ex Jure Commerciorum. *Vittemb.*, in-4°. 1784.

68. Reinman (Jos.-Fred.). Jus Mercatorum singulare. *Jenæ*, 1669. in-4°.

69. Roehrensée (Chret.). Positiones de Mercaturâ. *Vittemb.*, 1701. in-4°.

70. Rogue. Jurisprudence consulaire. *Angers*, 1773. 2 vol. in-12.

71. Romanus (Paul-Fra.). Diss. de Mercaturâ. *Lips.*, 1670. in-4°.

72. Sallé. Esprit de l'Ordonnance de 1673, dans le 2ᵉ vol. de l'Esprit des Ordonnances de Louis XIV. *Paris*, 1758. 2 vol. in-4°.

73. Santerna (Petr.). De Mercaturâ. *Col.*, 1609. in-4°.

74. Savary (Jacques). Le Parfait Négociant, suivi de parères ou avis pour le commerce. *Paris*, 1763. 2 vol. in-4°.

75. Schedel (Jo.-Ch.). Handbuch der kâufmanischen Rechtskunde, oder neve und zweckmâssige Sammlung von Verordnungen, Vorschriften der Gesetze und Uzancen die dem Kaufmanne bey Streit fâllen über Rechtshandeln so wie auch in Geschaften mit Andern überhaupt zur Regel seines Verfahrem dienen; [Recueil des Lois sur le Commerce, etc.]. *Leipsig*, 1793, 1795. 2 vol. in-8°.

76. Simon (Jo.-Georg.). Dissert. de Jure Mercatorum singulari. *Jenæ*, 1669. in-4°.

77. Tenzel (Ern.). Diss. de Jure Mercatorum singulari. *Erf.*, 1730. in-4°.

78. TESTARD DU BREUIL. Nouveau Commentaire sur les lois du Commerce. *Paris*, 1787. 1 vol. in-12.

79. THEODOSIC (Petr.). Diss. de Jure Mercatorum singulari. *Jenœ*, 1636. in-4°.

80. TOUBEAU (Jacques). Institutes du Droit consulaire, ou les Elémens de la Jurisprudence des Marchands. *Paris*, 1700. 1 vol. in-4°.

81. VEILLODTER (L.-Ch.-C.). Entwurf eines allgemeinen Handlungsrechts [Projet du Droit commercial universel]. *Francfurt*, 1799-1803. 1 vol. in-8°.

82. VINCENS (Emile). Exposition raisonnée de la Législation commerciale, et Examen critique du Code de Commerce. *Paris*, 1821. 3 vol. in-8°.

83. WAL (Aud.-Grom.). Dissert. de Commerciis partes duæ. *Upsal*, 1727, 1728. in-4°.

84. WIPPERMANN (Engelr.). Diss. de Mercaturâ. *Rinth*, 1678. in-4.

85. WOLZATH (Wolff.-G.). Thes. de Mercaturâ. *Lipsiœ*, 1664. in-4°.

86. ZEIGLER (Casp.). Diss. de Jure Commerciorum. *Vittemb.*, 1666. in-4°.

87. Ordonnances et Priviléges des foires de Lyon et de leur antiquité, avec celles de Brie et de Champagne. *Lyon*, 1560, in-8°; 1649. in-4°.

88. Recueil d'Edits et Arrêts sur la Juridiction consulaire de Paris. *Paris*, 1705. 1 vol. in-4°.

89. Recueil de Lettres-Patentes concernant la Juridiction consulaire de Marseille. *Marseille*, 1724. 1 vol. in-4°.

90. Recueil d'Edits et Arrêts sur la Juridiction consulaire de Rouen. *Rouen*, 1775. 1 vol in-4°.

91. Instruction consulaire. *Bordeaux*, 1790. 1 vol. in-4°.

92. Praticien des Juges et Consuls. *Paris*, 1742. 1 vol. in-4°.

93. Projet de réforme de l'Edit du mois de mars 1673 appelé communément l'Ordonnance du Commerce; par une commission formée de l'ordre de Mgr. le garde-des-sceaux. *Paris*, 1786. 1 vol. in-4°.

94. Projet du Code de Commerce, présenté par la commission nommée par le Gouvernement. *Paris*, 1801 (an 9). 1 vol in-4°.

95. Observations des Tribunaux de Cassation, d'Appel, des tribunaux et Conseils de Commerce, sur le projet du Code de Commerce. *Paris*, 1803 (an 11). 3 vol. in-4°.

96. Révision du Projet de Code de Commerce, précédé de l'Analyse raisonnée des Observations des tribunaux. *Paris*, 1803 (an 11). 1 vol. in-4°.

97. Observations de la Chambre de Commerce de Paris sur la révision du Projet du Code de Commerce. *Paris*, 1803 (an 11). 1 vol. in-4°.

98. Procès-verbal de la Discussion au Conseil d'Etat du Code de Commerce. *Paris*, 1814. 2 vol. in-4°.

99. Discours des Orateurs du gouvernement et du Tribunat sur le Code de Commerce. *Paris*, 1807. 2 vol. in-8°.

100. Commentaire du Code de Commerce, avec des

Notes explicatives, rédigées par une société de jurisconsultes. *Paris*, 1820 et suiv. in-8°.

101. Code de Commerce annoté des décisions, dispo-
sitions ultérieures de la Législation et de la Jurisprudence, par M. Sirey. *Paris*, 1820. 1 vol. in-4°.

TROISIÈME SUBDIVISION.

*Recueils de Dissertations ou des Traités particuliers
sur diverses matières du Droit commercial.*

102. ANSALDUS DE ANSALDIS (J.-V.). Discursus legales de Commercio et Mercaturâ. *Genevæ*, 1718.
1 vol. in-fol.

103. BELLONIUS (Marc.-Ant.). Decisiones rotæ Genuensis de Mercaturâ. *Venetiis*, 1552. *Francfort*,
1592. 1 vol. in-4°.

104. BUSCH und EBELING. Handlungs [Biblioteck ;
[Bibliothèque commerciale]. *Hamburg*, 1784.
3 vol. in-8°.

105. CASAREGIS (J.-L.-M.). Discursus legales de
Commercio. *Venetiis*, 1740. 4 vol. in-fol.

106. ENGELBRECHTS (J.-And.) Materialien zum Gebrauch für Kaufleüte [Matériaux à l'usage des
Négocians]. *Hamburg.*, 1787. in-8°.

107. ROCCUS (Fran.) Responsa legalis de Mercaturâ et
de assecurationibus de navibus et naulo. *Neap.*,
1665. 2 vol. in-fol.

108. STRACCHA (Benev.). Decisiones et Tractatus
varii de Mercaturâ, Cambiis, Sponsionibus, Cre-

ditoribus, Fidejussoribus, Decoctoribus, Navibus, Navigatione, Assecuratione, Subhastationibus, Proxenetis, aliisque Mercatorum Negociis, rebusque ad Mercaturam pertinentibus, cum Decisionibus Rotæ Genuæ. *Amstelodami*, 1669. 1 vol. in-fol.

109. Jurisprudence commerciale, ou Recueil d'Arrêts et Jugemens rendus en matière de commerce de terre et de mer; par divers auteurs. *Paris*, 1808 et suiv., in-8°.

110. Journal de Jurisprudence commerciale et maritime, décisions notables du Tribunal de Commerce de Marseille et de la Cour Royale d'Aix. *Marseille*, 1820 et suiv., in-8°.

111. Recueil d'Arrêts rendus, depuis 1791 jusqu'à ce jour, en matière de commerce de terre et de mer, suivi d'un Répertoire de Jurisprudence commerciale. *Paris*, 1818. in-8°.

112. Neue Handlungs Biblioteck, von einer Gesellschaft theoretisch und praktisch Kaufleüte ; [Bibliothèque et Nouvelle Bibliothèque du Commerce, par une société de négocians, théoriciens et praticiens. *Hambourg*, 1799. in-8°.

113. Archiv für das Handelsrecht; [Archives de Droit commercial]. *Hamb.*, 1818 et suiv.; in-8.

DEUXIEME DIVISION.

OUVRAGES RELATIFS AUX PERSONNES QUI FONT LE COMMERCE, CONSIDÉRÉES INDÉPENDAMMENT DES ENGAGEMENS QU'ELLES PEUVENT CONTRACTER.

PREMIÈRE SUBDIVISION.

Des Commerçans en général.

114. GEISLER (Frid.). Diss. de Mercatoribus. *Lips.*, 1673. in-4°.

115. LEUCHSNER (Geor.-Lud.). De Mercatore; in Dissert. Jurid. select. *Basil.*, tom. VI, n° 2.

116. MULLER (Jo.). De Mercatoribus. *Vittemb.*, 1677. in-4°·

117. SCHWENDENDOERFER (Barth.-Leon.). De Privilegiis Mercatorum. *Jenæ*, 1742. in-4°.

118. THOMASIUS (Trang.). Prog. de Mercatorum privilegiis. *Lipsiæ*, 1773. in-4°.

DEUXIÈME SUBDIVISION.

Des personnes incapables de faire le commerce ou certains actes de commerce.

119. BUCHNER (Jo.). De his qui cambialiter se obligare non possunt. *Giess.*, 1778. in-4°.

120. HEDLER (Jos.-Chr.). Diss. de personis quæ cambia dare possunt vel non. *Vittemb.*, 1751. in-4°.

121. JOECHER (Geor.-Guill.). De personis rigori Cambiali subjectis. *Hemlst.*, 1725. in-4°.

SECTION PREMIÈRE.

Des Mineurs.

122. BREUNING (Chr.-Henr.). Disp. an exceptio senatus-cons. Macedoniani locum habeat in Cambio filii familiâs. *Lipsiæ*, 1773. in-4°.

123. KNORRE (Ern.-Frid.). De Filio familiâs Cambiante. *Hallæ*, 1754. in-4°.

124. STREKER (Con.-Wil.). De iis qui a nexu Cambiorum vel Juris Cambialis rigore sunt exempti. *Erfod.*, 1734. in-4°.

125. ZOLLER (Frid. - Gottl.). Exercit. utrùm ex Cambio contrà debitorem 25 annis minorem cum effectu agi possit? *Lipsiæ*, 1767. in-4°.

SECTION II.

Des Femmes mariées.

126. DEINLIN (G.-Frid.). Dissert. de verâ indole velleiani àd uxorem Mercatricem pro marito intercedentem applicata. *Altorf.*, 1751. in-4°.

127. LUDOVIC (Jac.-Frid.). De Muliere Cambiante. *Hallæ*, 1710. in-4°.

128. MANZEL (Ern.-Jo.-Fr.). De Fæminâ Mercatrice. *Rost.*, 1742. in-4°.

129. REBHAN (J.). De questione quæ sit uxor mercatrix? *Lipsiæ*, 1717. in-4°.

130. RHEDEN (Casp.-A.). Diss. de Muliere Mercatrice. *Brem.*, 1717. in-4°.

131. SCHULTZEN (Petr.). De Fæminâ Mercatrice. *Francf.*, 1684. *Hall.*, 1748. in-4°.

SECTION III.

Des Ecclésiastiques.

132. GRASS (Mich.). Diss. de Negotiatione Clericorum prohibitâ. *Tubing.*, 1705. in-4°.

133. KRAUS (Georg.-Frid.). De Clerico Mercatore. *Vittemb.*, 1763. in-4°.

134. LINCKE (Henr.). De Clerico artifice et negotiatore. *Altorf.*, 1692. in-4°.

135. RIVINUS (Jo.-Flo.). De Clerico Cambiante. *Lipsiæ*, 1739.

SECTION IV.

Des personnes constituées en rang ou en dignités.

136. BREUNING (Chr.-Henr.). De Nobile non Mercatore. *Lipsiæ*, 1759. in-4°.

137. HAMMERER (Jo.-Car.). De Mercaturâ viro in dignitate constituto non indecente. *Argentor.*, 1726. in-4°.

138. HOLTERMANN (Arn.-Maur.) De Commerciis et Mercaturâ illustrium Nobilium et aliarum honoratarum personarum. *Marb.*, 1674. in-4°.

139. Lembke (Jac.). De Interdictâ Nobilibus negotiatione. *Rost.*, 1677. in 4°..

140. Muller (J.-M.). Prolusio de equite negotiante. *Hamb.*, 1761. in-4°.

141. Peller (Raym.). An Mercatura Nobilitatem
obfuscet. *Basil.* 1699. in-4°.

142. Rassius (Ad.). De Mercaturâ et Nobilitate.
Lub., 1619. in-4°.

143. Seger (Joh.-Theoph.). De Nobilium Jure negociandi. *Lips.* 1768. in-4°.

Section V.

Des personnes illétrées.

144. Hoffmann (Godof.-Dan.). Diss. de opifice et
rustico Cambiante. *Tubing.*, 1760. in-4°.

145. Stoesser (God.). Diss. de Jure Commerciorum
rusticis denegato. *Argentor.*, 1671. in-4°.

TROISIEME DIVISION.

OUVRAGES RELATIFS AUX INSTITUTIONS PUBLIQUES ÉTABLIES EN FAVEUR DU COMMERCE.

Section première.

Influence générale du Gouvernement.

146. Bachov ab echt (Jo.-Fred.). De eo quod justum
est circa Commercia inter gentes. *Jenæ*, 1730. in-4°.

147. Bechmann (Dn.-Joh.). De belli Commerciis.
Jenæ, 1687. in-4°.

148. Boehmer (G.-L.). De Jure principis libertatem commerciorum restringendi. *Gotting.*, 1753. in-4°.

149. Ester (Marc.). Dissert. de Jure commerciorum privilegiato. *Basil.*, 1690. in-4°.

150. Feltz (Jos.-Hen.). Dissert. de singulari Commercii libertate. *Argent.*, 1700. in-4°.

151. Gehrke (Mich.) De necessitate Commerciorum in republicâ. *Regiom.*, 1712. in-4°.

152. Guthschmidt (Christ. - Gotth.). De favore Commerciorum. *Lipsiæ*, 1750. in-4°.

153. Guthschmidt (Christ.-Goth.). Dissertatio de Mercaturæ legum ferendarum auxilio juvando ratione salutari. *Lipsiæ*, 1752. in-4°.

154. Heinneccius (Josep.-Gotth.). De Jure principis circa Commerciorum libertatem tuendam.*Hal.*, 1731. in-4°.

155. Hoffman (G.-D.). Romana Themis commerciorum fautrix. *Tubing.*, 1767. in-4°.

156. Hopffer (Bened.). Dissertat. de mutuâ Commerciandi et peregrinandi libertate inter gentes. *Tubing.*, 1678. in-4°.

157. Klein (Jos.). De maximâ Commerciorum utilitate. *Rost.*, 1696. in-4°.

158. Mascovius (Jo.-Jac.). Dissertatio de fœderibus Commerciorum. *Lipsiæ*, 1735. in-4°.

159. Nehrmann (Dav.). Dissert. de Jure principis circa Commercia. *Lund.-Gothorum*, 1746. in-4°.

160. Noord Kerk (Herm.). De Commerciis et Jure gentium. *Lug.-Batav.*, 1728. in-4°.

161. PESTEL (F.-G.). Commentarius de Servitute Commerciorum. *Rintel.*, 1763. in-4°.

162. RIVINUS (Jo.-Florent.). De curâ principum circa Commercia. *Lipsiæ*, 1739. in-4°.

163. ROSEMBOOM (Corn.). De Commerciis et Jure gentium. *Harder.*, 1732. in-4°.

164. RÔSSIG (Car.-Got.). De Commercio interno et externo. *Lipsiæ*, 1790. in-4°.

165. SAHME (Arnold-Henr.). Dissert. de Mercatorum necessitate et utilitate. *Regiom.*, 1700. in-4°.

166. SARTORIUS (Joh.-Mich.-Ant.). Meditationes politicæ circa vectigalium ad Commercia relationem. *Virceb.*, 1786. in-4°.

167. SCHERZ (Jo.-Jac.). Dissert. de studio Legum Romanarum in promovendis Commerciis. *Argent.*, 1732. in-4°.

168. SCHNEIDER (Jo. - Fred.). Princeps monopola et de præcipuis Regum europeorum et Electorum secularium monopoliis. *Hal.*, 1700. in-4°.

169. SCHWEDE (Jo.). Dissertatio de naturâ atque utilitate Commerciorum. *Holm.*, 1697. in-4°.

170. VILKE (Sig.). Artium et operarum præsidium Mercatura. *Lipsiæ*, 1765. in-4°.

171. WILLEBRAND (Chr.-Lud.). Dissertatio de privilegiis circa Commercia. *Hal.*, 1771. in-4°.

SECTION II.

Des Monnoies.

172. BUSCH (J.-G.). Sammtlung Schriften üb. Banken

u. Münzwesen ; [Collection d'Ecrits sur les Banques et les Monnoies]. *Hamburg*, 1801. 5 vol. in-8°.

173. D'Aguesseau (Henr.-Franc.). Considérations sur les Monnoies. Dans le tome 13 de ses œuvres, *Paris*, 1819, in-8°.

174. Dehre (Gasp.). De eo quod justum est circa mutationem Monetæ. *Altdorf.*, 1679. in-4°.

175. Gobius (Anton.). Monetarum questiones. *Venet.*, 1700. in-fol.

176. Goldast (Mich.). Catholicon rei monetariæ, sive Leges monarchicæ generales de rebus pecunariis et nummariis. *Francof.*, 1620. in-4°. Addente Authæo. *Francof.*, 1624. in-4°.

177. Heineccius (J.-Gott.). De Monetarum reductione ad justum pretium. *Hal.-Magdeb.*, 1759. in-4°.

178. Ludwel (Wilh.). De Jure Monetarum. *Altdorf.* 1660. in-4°.

179. Olbers (Théod.) De valore Monetæ mercatorum auctoritate mutato. *Gotting.*, 1776. in-4°.

180. Olpius (Serv.-Chris.). De jure Monetarum. *Jenæ*, 1663. in-4°.

181. Pfennigk (Guill.). De rei numerariæ mutatione et augmento. *Lipsiæ*, 1692. in-8°.

182. Rossmann (And.-Elias.). De Monetâ symbolicâ et provinciali. *Erlang.*, 1762. in-4°.

183. Rudolph (And.). De origine et naturâ numi. *Helmst.*, 1659. in-4°.

184. Schott (Chr.-Fred.). De curâ principis circa

pretium æris signati et Monetæ. *Tubing.*, 1754. in-4°.

185. SEIDENSTICKER (A.-Lud.). De Jure Monetæ Chartaceæ. *Jenæ*, 1807. in-8°.

186. SELDEN (Joh.). Liber de Nummis. *Edimb.*, 1685. in-8°.

187. THESAURUS (Gasp.-Ant.). De Monetis. *Taurini*, 1669. in-4°.

188. UNGEPAUR (Erasm.). De Jure Monetæ. *Altdorf.*, 1628. in-4°.

189. ZOLLER (Drid.-Gott.). De numero, non pondere spectando in materiâ signatâ. *Lipsiæ*, 1766. in-4°.

190. De Monetis et re nummariâ, varii tractatus; Collectore BUDELIO. *Colon. Aggrip.*, 1691. in-4°.

SECTION III.

Des Banques.

191. BUSCH (J.-G.). Traité des Banques, traduit de l'allemand par LAS CASES. *Paris*, 1814. 1 vol. in-8°.

192. MARPEGER (P.-J.). Beschreibung derer Banken und deren Rechte. [Description des banques et de leurs droits]. *Leipzig*, 1723. in-4°.

193. MULLER (Jo.-Marc.). Comment. de ærario mercatorum apud veteres Romanos. *Hamburg.*, 1773. in-1°.

194. OTTO (Everh.). Dissert. de Argentariis veterum. *Traj. ad Rhen.*, 1739. in-4°.

195. SCHUBACK. Etwas über Geld und Banken; [Essai sur l'Argent et les Banques]. *Hamburg*, 1796. in-8°.

196. SIEBER (Go.-Gottfr.). Dissert. binæ de Argentariis. *Lipsiæ*, 1737 et 1739. in-4°.

SECTION IV.

Des Poids et Mesures.

197. AGRICOLA (G.). De Ponderibus et Mensuris. *Venet.*, 1535. in-8°.

198. ANGELOCRAT (Dan.). Doctrina de ponderibus et mensuris. *Marp.*, 1617. in-4°.

199. ARBUTHNOT (Carolus). Tabulæ antiquorum Nummorum, Mensurarum et Ponderum prætiique rerum venalium, ex anglicâ in linguam latinam conversæ. *Lugduni-Bat.*, 1764. in-4°.

200. BEVERINUS (Barth.). Syntagma de Ponderibus et Mensuris. *Lipsiæ*, 1714. in-8°.

201. CENALIS (Rob.). De verâ Mensurarum Ponderumque ratione. *Paris*, 1547. in-8°.

202. EISENSCHMIDT (Jo.-Gas.). De Ponderibus et Mensuris veterum et de valore Pecuniæ disquisitio. *Amstelod.*, 1761. in-8°.

203. STRUBEN (Geor.-Adam.). De eo quod justum est circa mensuras et pondera. *Jenæ*, 1676. in-4°.

SECTION V.

Des Marchés et Foires.

204. BREUNING (Henr.). De jure hebdomadarium Nundinarum. *Lipsiæ*, 1766. in-4°.

205. CREGEL (Ern.). De Nundinis. *Alt.*, 1658. in-4°.

206. EVERBACH (J.-G.). De Nundinis. *Erf.*, 1692. in-4°.

207. GLOCK (Ant.) De Nundinis earumque privilegiis. *Marb.*, 1637. in-4°.

208. HABERKORN (Henr.-Petr.). De Nundinis. *Giess.*, 1670. in-4°.

209. WAGENSEIL (Jos.- Christ.). De Nundinarum jure. *Altdorf.*, 1704. in-4°.

210. Extrait de tous les règlemens concernant la police des marchés de Sceaux et de Poissy. *Paris*, 1757. in-4°.

SECTION VI.

Des Corporations de Commerçans et Ouvriers.

211. BECHMANN (Jo.-Voln.). De Opificibus et litteratis clancularis. *Jenæ*, 1744. in-4°.

212. BEJER (Adr.). De conviciis Opificum. *Jenæ*, 1689. in-4°.

213. BEJER (Adr.). Tract. de Jure prohibendi quod competit Opificibus et in Opifices, multo locupletior curâ STRUVII. *Jenæ*, 1721. in-4°.

214. BEJER (Adr.). De protectoribus Opificum, eorum que magistratibus et præfectis. *Jenæ*, 1710. in-4°.

215. BEJER (Adr.). Program. de sectis Opificum. *Jenæ*, 1690. in-4°.

216. DANCKELMANN (Silvest.-J.). Diss. de privilegiis Opificum. *Heidelb.*, 1669. in-4°.

217. FABER (Balth.). De eo quod justum est circà Fabros imprimis ferrarios. *Lipsiæ*, 1727. in-4°.

218. FRICKE (J.-H.). Grundsâtz des Rechts der Handwerker; [Essai sur les Lois relatives aux Ouvriers]. *Goett.*, 1768. in-8°.

219. FRITSCH (Ahasu). De typographis, bibliopolegis chartariis, in quo de eorum statutis agitur. *Jenæ*, 1675. in-4°.

220. FRITSCH (Ahasu). De Collegiis Opificum eorumque statutis. *Francof.*, 1710. in-4°.

221. HEINECCIUS (J.-G.). Diss de collegiis et corporibus Opificum. *Hal.-Magd.*, 1747. in-4°.

222. KEMMERICH (Dieter.-Herm.). Diss. de collegiis Mercatorum. *Jenæ*, 1739. in-4°.

223. KLOTZ (Chr.-Adolph.). Diss. de Opificum ignobilitate inani et noxiâ. *Hal.*, 1771. in-4°.

224. KULENCAMP (C.- J.). Grundsâtze der Handwerker; [Principes de Droit sur les Ouvriers]. *Marb.* 1807. in-8°.

225. MANTZEL (Ern. Jo.-Frid.). Diss. de concilio Artificum. *Rost.*, 1728. in-4°.

226. PHILIPPI (Fr.). De Collegiis Opificum. *Vittemb.*, 1744. in-4°.

227. PLATNER (Edou.). Dissert. de Collegiis Opificum. *Lipsiæ*, 1809. in-4°.

228. SCHERZ (Jo.-Ge.). Diss. de Opificum conditione. *Argent.*, 1709. in-4°.

229. SLEVOGT (J.-Phil.). Diss. de Mercatore falsum censum profitente. *Jenæ*, 1701. in-4°.

230. STRUVE (Gent.-Ad.). De Opificibus. *Jenæ*, 1684. in-4°.

Section VII.

Des Manufactures.

231. Bejer (Adr.). Disputatio de Manufacturis.
Jenæ, 1704. in-4°.

232. Bejer (Adr.). Lites textorum mechanicæ.
Jenæ, 1702. in-4°.

233. Meixner (C.-F.). Rechtliche Abhandlungen
von denen manufacturen und dem commercium ;
[Aperçu des Principes sur les Manufactures et le
Commerce]. *Franckf.*, 1765. in-8°.

234. Recueil des Règlemens généraux et particuliers
concernant les Manufactures et Fabriques du
Royaume. *Paris*, 1730. 7 vol. in-4°.

Section VIII.

Des Règlemens pour protéger les propriétés industrielles.

235. Brehm (G.-N.). De finibus justi et injusti
circa dominium atque commercium bibliopolarum.
Lipsiæ, 1786. in-4°.

236. Buininck (Jac.). De illuminato crimine falsi
litterarii et typographii. *Dantz.*, 1789. in-8°.

237. Collier (J.-D.) Essay on the Law of patents
for new Inventions; [Essai sur la Loi relative aux
priviléges accordés pour les nouvelles Inventions].
London, 1803. in-8°.

238. Enfield (Will.). On the litterary propriety;
[Sur les Propriétés littéraires]. *London*, 1774.
in-8°.

239. FAUTH. De eo quòd justum est circa librorum editiones insciis et invitis auctoribus. *Heidelb.*, 1786. in-4°.

240. TRAITTEUR (J.-An.). Prog. de eo quod justum est circà librorum editiones insciis ac invitis primis editoribus repetitas. *Heidelberg*, 1791. in-4°.

241. FRITSCH (Ahasu). De abusibus Typographiæ tollendis et Zygenerum origine. *Jenæ*, 1664. in-4°.

242. GRAFF (E.-M.).Versuch und einleucht Darstellung der Eigenth. u. d. Eigenthums Rechts d. Scriftstellers. u. Verlegers, etc.; [Exposition précise des principes sur la Propriété littéraire, etc.] *Leipzig.*, 1798. in-8°.

243. KUSTNER (Ern.-Grég.). Dissert. de publicâ rei librariæ tutelâ. *Lipsiæ*, 1778. in-4°.

244. LINGUET (N.-H.). Réflexions sur l'Arrêt du Conseil du Roi portant règlement sur la durée des priviléges en matière de librairie. *Bouillon*, 1778. in-8°.

245. LOCRÉ (J.-G.). Discussion au Conseil-d'Etat sur la liberté de la presse, la censure, la propriété littéraire, l'imprimerie et la librairie. *Paris*, 1819. in-8°.

246. OSTERMANN (Petr.). Comment. ad legem *Stigmata* de fabricensibus. *Colon.*, 1629. in-4°.

247. PUTTER (Joan.-Steph.). Der Bücher nachdruck nach âchten Grundsâtzen des Rechts geprüft. *Gotting.*, 1774. in-4°. — Le même ouvrage en français, sous le titre : La propriété littéraire défendue, ou Mémoire abrégé dans lequel on examine jusqu'à quel point la contrefaçon peut être légitime. *Goell.*, 1775. in-8°.

248. STEGER (Adr.-Deod.). Publica rei librariæ tutela. *Lipsiæ*, 1740. in-4°.

249. THURNISIUS (Jo.-R.). De recusione librorum furtivâ. *Basileæ*, 1728. in-4°.

250. Der Bücherverlag in Betrachtung der Schriftsteller der Buchhändler und des publicums Erwogen; [Des Impressions considérées dans l'intérêt des écrivains, des libraires et des presses publiques]. *Hamburg*, 1773. in-8°.

251. Requête au Roi, présentée par les Libraires de Paris. 1777. in-4°.

SECTION IX.

Des Courtiers et Agens de change.

252. BECKER (Herm.). Diss. de denominatione *proxenetici*, ab Ulpiano in leg. ult. Dig. de proxenetis, adhibitâ et ejus sensu. *Gryph.*, 1772. in-4°.

253. FINDEKELLER (Joh.-Sigism.). Disp. de Proxenetis et Proxeneticis. *Argent.*, 1669. in-4°.

254. LEMP (Jo.). Diss. de Proxenetis. *Argent.*, 1733. in-4°.

255. LEYSER (Aug.). De Proxenetis. *Vittemb.*, 1747. in-4°.

256. LYNCKER (Nic.-Chr.). Dissert. de Proxenetis. *Jenæ*, 1674. in-4°.

257. MEYER (Wer.). Disp. de Proxenetis et Proxeneticis. *Duisb.*, 1711. in-4°.

258. ROENNE (Eric.). Diss. de Proxenetis. *Alt.*, 1662. in-4°.

259. SCHORCH (H.-T.). De Proxenetis. *Erford.*,
1766. in-4°.

260. SCHROETER (Ern.-Fr.). Disp. de Proxenetis.
Jenæ, 1662. in-4°.

261. SILBERRAD (Jo.-Gust.). De Sensalibus, vulgò
Maklern. Norimb., 1716. in-4°.

262. STRACCHA (Benev.). De Proxenetis. In collectione ejus tractatuum. Vid. suprà n° 108.

263. THOMANN (Dan.). Disp. de Proxenetis mercatorum. *Erford.*, 1703. in-4°.

264. WINCOP (Jo.-Math.). De Proxenetis mercatorum. *Erford.* 1702. in-4°.

TROISIEME DIVISION.

OUVRAGES QUI TRAITENT DES RÈGLES COMMUNES
A TOUTES SORTES DE CONVENTIONS COMMERCIALES.

PREMIÈRE SUBDIVISION.

*Traités généraux sur la formation des engagemens
de commerce.*

265. CABALLINUS (Gasp.). Tractatus Commerciorum
et usurarum redituumque pecuniâ constitutarum
et monetarum. *Lugd.*, 1582. in-8°.

266. GARSIA (Fran.). De omnis generis contractibus
mercatorum. *Barcinon.*, 1583. in-8°.

267. MERCATUS (Thom). De mercatorum contractibus. *Salmantic.*, 1569. in-fol.

268. NIDER (Jo.). De mercatorum contractibus.
Colon., 1585. in-fol.

269. SUMMENHARD (Conr.). De contractibus mercatorum. *Venet.*, 1581. in-fol.

270. WOLPMAN (Goth.). De eo quod justum est
circà contractus noviter introductos. *Brem.*, 1714.
in-1°.

271. Traité des Négoces, Contrats, qui se font en
choses, meublés, etc. Paris, 1599. in-12.

DEUXIÈME SUBDIVISION.

Opérations illicites.

272. BEHMER (Fred). De eo quod justum est circà
reimpressionem Librorum privilegio carentium.
Berol., 1744. in-1°.

273. BERGHMANN (Pet.-Olof.). Dissert. de Monopoliis. *Gött.*, 1744. in-4°.

274. BERNEGGER (Tob.). Dissert. de Monopoliis.
Argentor., 1652. in-4°.

275. BOCKENHOFER (Joh.-Joach.). De his quæ exportari non debent. *Argentor.*, 1678. in-4°.

276. BURCKHARD (Jac). Dissert. de Monopoliis.
Basil., 1700. in-4°.

277. BURG (Engelb.). De usu et abusu Commerciorum. *Lipsiæ*, 1672. in-4°.

278. Burg (Engelb.). De abusu Mercaturæ, quatenùs in jure coercetur. *Lipsiæ*, 1672. in-4°.

279. Fritsch (Ahasu). Mercator peccans. *Lipsiæ*, 1685. in-12.

280. Grass (Mich.). De Propolio justè prohibito. *Tubing.*, 1765. in-4°.

281. Heineccius (J. G.). De Venditione fructuum illicitâ in herbis. *Halæ*, 1738. in-4°.

282. Duaren (Franc.). De Plagiariis et scriptorum alienorum compilatoribus. *Francof.*, 1607. in-fol.

283. Leyser (Aug.), De Nundinis et Monopoliis. *Wittemb.*, 1747. in-4°.

284. Liepoldt (Jo.-Nic.). Diss. de Mercibus illicitis quæ vocantur *Contrebande. Basil.*, 1691. in-4°.

285. Lupus (Jo.-Bap.). De Commerciis licitis et illicitis. *Venet.*, 1577. in-4°.

286. Martin (Wern.-Theod.). Disp. de Mercibus illicitis. *Wittemb.*, 1684. in-4°.

287. Nedermeyer von Rosenthal (Jh.-Th.-H.). De servorum afrorum Commercio. *Lugd.-Bat.*, 1816. in-8°.

288. Salon (Mich.-Barth.). De Justitiâ et Jure; item de Commerciis licitis et illicitis. *Venet.*, 1609. 2 vol. in-fol.

289. Santer (Dan.). Diatriba de officio pii Mercatoris. *Lugd.-Bat.*, 1615. in-8°.

290. Schneidt (Jo.-Mar.). Jus et obligatio prohibitionem librorum positivam concernens. *Wittemb.*, 1768. in-4°.

291. STEPHANUS (Jo.-Alb.). Diss. de rebus exportari prohibitis, vulgò *Contrebande waaren. Regiom.*, 1720. in-4°.

292. STOESSER (Go.). De Monopoliis. *Argentor.* 1672. in-4°.

293. THILENIUS (Nic.). De Monopoliis. *Giessæ*, 1686. in-4°.

294. THOMASIUS (Jac.). De Plagio litterario. *Lipsiæ*, 1692. in-4°.

295. VIGNATÆ (Ambros. de), De illicitis Commerciis. in Tractatu Tractatuum, tom. VII.

TROISIÈME SUBDIVISION.

Effets et interprétation des Conventions.

296. BORNIUS (Laur.-Fred.). De actione quæ creditori adversus debitorem debitoris competit. *Lipsiæ*, 1704. in-4°.

297. BREUNING (Chr.-Henr.). Diss. de modo coercendi furta et stellionatus in rebus mercatoriis. *Lipsiæ*, 1776. in-4°.

298. BUSCH (J.-Geo.). Uber handlungs usanzen; [Sur les Usages commerciaux]. *Hamburg*, 1784. in-8°.

299. GMELIN (Christ.-Theop.) De casu post moram præstando. *Tubing.*, 1804. in-4°.

300. LYNCKER (Nic.-Christoph.). De eo quod interest. *Jenæ*, 1753. in-4°.

301. THOMASIUS (Chr.). An promissor facti liberetur præstando id quod interest. *Hal. Magd.*, 1756. in-4°.

QUATRIÈME SUBDIVISION.

Engagemens sans convention.

3o2. EVANS (Wil.-David.). Essay on the action for monney had and receives ; [Essai sur l'action en répétition pour paiement de sommes non dues]. *London,* 1802. in-8°.

5o3. KEES (Jacob.-Freder.). Quatenùs Thypothetæ, vel bibliopolæ injuriarum socii habendi sint. *Lipsiæ,* 1801. in-4°.

5o4. Rechtliche Erörter. der Fr. ob. u. wie fern staaten Banken und privat Personen die durch Nachahmung von Papier geld, Bankenzetteln. u. Handschriften, verursachten Schaden zu ersetzen schuldig sind ; [Réponse juridique à la question de savoir : si les banques publiques et particulières sont obligées de réparer le dommage causé par contrefaçon de papier-monnoie, billets de banque et signatures]. *Leipzig,* 1802. in-8°.

CINQUIÈME SUBDIVISION.

Extinction des Obligations.

5o5. BOHEMER (Sam.-Fred.). De solutione debiti pecuniarii mutatâ nummorum bonitate, etc. *Francof.,* 1752. in-4°.

3o6. DIETZE (Jo.-G.). Vers. e. münzwissenschaftl Beantwort der fragen wie ist e. Geldschuld abzutragen? u. wie hat man bei Valvirung aller ehedes-

sen sowohl in Gold als Silbergeld angelegten Capi-
talien zu verfahren, damit weder Glaübiger nach
d. Schuldner beschwert werde? ; [Comment doit-on
payer une dette? Comment doit-on agir dans le
remboursement de tous les capitaux anciennement
placés, en or et argent, de manière à respecter les
intérêts des créanciers et ceux du débiteur?].
Franckf., 1791. in-8°.

307. DINNER (Andr.). Disputationes tres de monetæ
mutatione quoad solutionem. *Norimb.*, 1622. in-4°.

308. FELS (Chr.-Fred.). Quid debito pecuniario
contracto præsertim mutationibus circa pecuniam
interim factis solvendum sit. *Tubing.*, 1814. in-4°.

309. GREEN (Aug.-Fred.-Sigism.). Programma de
æstimatione monetæ diversis valoris. *Lipsiæ*, 1786.
in-4°.

310. GRIMAUDET (François). Des Monnaies, aug-
mentation et diminution d'icelles. *Paris*, 1586.
in-8°.

311. KEES (Jac.-Fred.) Quatenùs solâ Chirographi
possessione actor ad causam legitimetur. *Lipsiæ*,
1808. in-4°.

312. LEUBER (Benjam.). De reductione Monetali,
an illa sit idonæus Monetæ depravatæ restituendi
modus. *Norimb.*, 1629. in-4°.

313. LEUBER (Benjam.). De pecuniariorum nominum et variis nummariorum debitorum solutionibus. *Altdorf.*, 1629. in-4°.

314. ORESMIUS (Nicol.). De mutatione monetarum.
Helmst., 1622. in-4°.

3i5. PUTTMAN (Jos.-Lud.-Ern.). De scripturâ mensæ ejusque cùm negotio mercatorio quod *sconto* vulgò vocant comparatione. *Lipsiæ*, 1795. in-4°.

3i6. RENNEMANN (Hur.). Decisio controversiæ monetariæ circà valoris vulgo recepti incrementum et decrementum, creditoris an debitoris lucro veniat. *Erford.*, 1610. in-4°.

3i7. RIEMER (Valent.). De variis nummariorum debitorum solutionibus. *Jenæ*, 1622. in-4°.

3i8. RUDEL (Godt.). De adjecto. *Altdorf.*, 1692. in-4°.

3i9. SCHORCH (Ch.-Fred.). De eo quod justum est in reddendo mutuo in casu si monetæ mutatio medio tempore facta est. *Erford.*, 1761. in-4°.

320. SCHUTTEN (Henr.-Mel.). De eo quod justum est circa restitutionem mutui mutatâ monetæ bonitate. *Erford.*, 1738. in-4°.

321. SLEVOGT (Ph.). De rei nummariæ mutatione et augmento. *Jenæ*, 1689. in-4°.

322. STRACCHA (Benev.). Tractatus de adjecto. In collect. ejus Tract. Vid. n° 108.

323. THESAURUS (Casp.-Ant.). De augmento et variatione Monetarum. *Genevæ*, 1656. in-fol.

324. THEODORIC (Pet.). De mutui nummarii solutione. *Jenæ*, 1622. in-4°.

325. TITIUS (Jo. D.). De pecuniæ deterioris atque melioris exequatione. *Lipsiæ*, 1763. in-4°.

326. TRENKMANN (Gottl.-Hen.). De Jure Monetæ mutatæ hodiernæ. *Lipsiæ*, 1771. in-4°.

I.   d

SIXIÈME SUBDIVISION.

Preuves commerciales.

327. APELDOORN (J.). De libris Mercatorum. *Harder.*, 1727. in-4°.

328. BLANCHARD (Guil.). Disp. de probatione per libros Mercatorum. *Colon.*, 1787. in-4°.

329. BODIN (Hen.). De libris Mercatorum suspectis. *Hal.*, 1756. in-4°.

330. BREHM (Car.-Aug.). De probatione ex libris Mercatorum. *Lipsiæ*, 1784. in-4°.

331. EBELING (J.-Ch.-L.). Uber die Beweis der handelsbuchs. [Sur la foi des Livres de Commerce]. *Hamburg.*, 1815. in-8°.

332. EDZARD (Jos.-Hieron.). De fide librorum mercatorum. *Arg.*, 1740. in-4°.

333. GÔFEN (Pasquerius). De ratione constituendi libros mercatorios. *Magd.*, 1601. in-4°.

334. HEINECCIUS (Jo.-Gottl.). Diss. de Mercatorum qui foro cesserunt rationibus et codicibus.*Francof.*, 1728. in-4°.

335. IRZON. Tenue des Livres de Commerce. *Paris*, 1688. 1 vol. in-fol.

336. KLEIN (Jo.). De probatione per libros Mercatorum. *Lipsiæ*, 1746. in-4°.

337. LAMBERTS (Henr.). Disquisitio et decisio quæstionis utrum libri rationum Mercatorum post eorum mortem plenè probent. *Duis b.* 1753. in-4.

338. LANGERMANN (Gerh.). Dissert. jurid. de probatione per libros Mercatoris mortui. *Groning.*, 1727. in-4°.

339. MEISTER (J.-L.-C.). De fide librorum Mercatorum. *Gotting.*, 1789. in-4°.

340. MYLIUS (And.). De Libris Mercatorum. *Lipsiæ*, 1681. in-4°.

341. RIETBERG (Lud.). De vi ac efficaciâ librorum Mercatorum. *Groning.*, 1806. in-8°.

342. ROESNER (Andr.-Chr.). De Mercatorum libris. *Lipsiæ*, 1694. in-4°.

343. SCHAFFSHAUSEN (Joh.-N.). De probatione per libros Mercatorum. *Gotting.*, 1795. in-8°.

344. SCHOEPFFER (J.-Joach.). De Litterarum acceptatione. *Halæ*, 1735. in-4°.

345. SCHWEITZER (Chr.-Wilh.). De firmâ Mercatorum. *Lipsiæ*, 1803. in-4°.

346. TEXTOR (J.-Wolfg.). De fide libri Mercatoris mortui. *Heidelb.*, 1682. in-4°.

347. UNGER (Fr.-Ign.). De eo quod circà juramentum super libros Mercatoris deferendum juris est. *Virceb.*, 1768. in-4°.

QUATRIÈME DIVISION.

OUVRAGES QUI TRAITENT SPÉCIALEMENT DES CONTRATS
APPARTENANT AU COMMERCE DE TERRE.

PREMIÈRE SUBDIVISION.

Des Ventes.

SECTION PREMIÈRE.

De la Vente en général.

348. BROECKEL (G.). De usuris pretii, an et à quonam tempore illas mercator exigere possit? *Goett.*, 1770. 1 vol. in-4°.

349. BRUNNEMANN (Jo.). De venditione facta ad corpus et mensuram. *Jenœ*, 1747. in-4°.

350. BUCHNER (Joh.-God.-Sigis.-Alb.). De electivo ut ferunt in concursu actionis redhibitoriæ cum actione quanti minoris, æquè in genere ac specie. *Giessœ*, 1789. in-4°.

351. COCCEIUS (Henric.). De vero rerum pretio. *Francof. ad Viad.*, 1701. in-4°.

352. CRELL (Christ.-Ludov.). De pretio legali. *Vitemb.*, 1757. in-4°.

353. GUTSCHMIDT (Christ.-Gottl.). Diss. de Juribus Mercatorum in exigendis usuris ex mora in solvendo mercium pretio facta. *Lipsiœ*, 1751. in-4°.

354. Kaestner (Abra.). Program. de signis Mercatorum mercibus imponi solitis. *Lipsiæ*, 1735. in-4°.

355. Lange (J.-Jac.). Uber die Gewohnheit die redhibitorische Klage bey den franzosen Geschwülsten des Rindviehs anzuwenden; [Sur l'usage d'employer l'action rédhibitoire pour les ulcères des bestiaux, d'après le droit français]. *Weimar*, 1786. in-4°.

356. Limmer (Carol.-Adoph.). De arrhis emptionum imperfectarum dissertatio. *Gotting.*, 1767. in-4°.

357. Luderssen (Rod.-Henr.). Nùm Mercator venditis mercibus adhuc actione quanti minoris adversùs venditorem experiri possit? *Helmstadt*, 1801. in-4°.

358. Mader (Joh.). Circà arrharum materiam dissert. *Argentor.*, 1697. in-4°.

359. Mascovius (Gott.). De redhibitione equorum. *Gotting.*, 1738. in-4°.

360. Radovius (G.). Disp. de actione redhibitoriâ. *Rost.*, 1673. in-4°.

361. Roth (Henr.-Balth.). De periculo et commodo in emptione vini. *Jenæ*, 1678. in-4°.

362. Schneidt (Jo.-Mar.). De edilito edicto et de vitiis pecorum. *Virceburg.*, 1720. in-4°.

363. Somm (Jo. Von). De notis Mercatorum. *Altdörf.* 1681. 1 vol. in-4°.

364. Sluter (Jos.-Dict.). Dissert. de traditione

mercium per litteras recognitionis. *Traj. ad Rhen.*, 1750. in-4°.

365. STRAUCHIUS (Joh.). Prior Dissert. ædilitiarum quæ est de rhedibitoriâ actione. *Jenæ*, 1671.

366. STRAUCHIUS (Joh.). Posterior Diss. ædilitiarum continens reliquas duas actiones, æstimatoriam et in factum. *Jenæ*, 1671. in-4°.

367. STRYKIUS (Sam.). De vitiis rerum venalium dissert. *Halæ*, 1709. in-4°.

368. SVENDENDORFER (Barth. - Leo.). De arrhatione. *Lipsiæ*, 1652. in-4°.

369. THOMASIUS (Christ.). De pretio affectionis in res fungibiles non cadente. *Halæ*, 1739. in-4°.

370. THOMASIUS (Christ.). De Arrhis emptionum. *Halæ*, 1740. in-4°.

371. TOPP (J.-Conr.-Sigism.). Dissert. de actione redhibitoriâ et quanto minoris non extendenda ad defectum in bonitate præcipuè rerum fungibilium. *Helmst.*, 1753. in-4°.

SECTION II.

Ventes aléatoires.

372. APPOLD (Joh.-Geo.). De Sponsionibus. *Argent.*, 1662. in-4°.

373. BAUDISS (Leon.). De justitiâ actionis aleæ occasione legis, 8, ff. de contrah. empt. *Altdorf*, 1685. in-4°.

374. BOEHMER (Just.-Hennig.). De translatione dominii in contractu æstimatorio. *Halæ*, 1760. in-4°.

375. BRUCKNER (Guill.). De contractu æstimatorio. *Jenæ*, 1710. in-4°.

376. FLOERKE (Ernest-Joh.). De contractu æstimatorio. *Jenæ*, 1756. in-4°.

377. HAUBOLD (Chrn.-Glob.). Quæstiones nonnullæ ad jus lotterariarum pertinentes. *Lipsiæ*, 1806. in-4°.

378. HOLZHAVER (G.-Fred.). De locatione rei frugiferæ et venditione fructuum futurorum. *Regiom.*, 1800. in-4°.

379. LUDOVIC (Jac. - Fred.). De naturâ et interpretatione Sponsionum. *Hal.*, 1704, in-4°.

380. MEIDMAN (G.-H.). De emptore spei. *Altdorf*, 1678. in-4°.

381. ROMANUS (Paul-Fran.). De Aleâ. *Lipsiæ*, 1662. in-4°.

382. RÔSLER (Ioh.-Ever.). De sortionibus, lotteriarum nomine, vulgò celebratis. *Tubing.*, 1720. in-4".

383. SEYBERTH (H.). Commentatio de reditu annuo præsertim vitali, tontina ac fiscis viduarum. *Gotting.*, 1767. in-4°.

384. STEVER (Th.-Or.). De Lottariis. *Rost.*, 1725. in-4°.

385. STRACCHA (Benev.). Sponsionum tractatus. In collect. ejus tractat. Vid. n. 108.

386. STRYKIUS (Sam.). De emptione spei. *Hal.*, 1714. in-4°.

387. SUENDENDORFFER (Barth.-Leon.). De contractu estimatorio. *Lipsiæ*, 1675. in-4°.

388. THOMA (Joh.). De Aleatoribus. *Halæ*, 1723. in-4°.

389. WILDVOGEL (Ch.). De eo quod justum est cir-cà lottarias. *Halæ*, 1718. in-4°.

SECTION III.

Ventes des productions de l'esprit.

390. BIELITZ (Gst.-Alx.). Versuch, d. v. dem Ver-lagsrechte gelt. Grundsätze a. d. Analogie d. posit. Gesetze abzuleiten; [Essai sur les droits d'impression, et Précis analogique des lois sur la matière]. *Dresden*, 1799. in-8°.

391. DUEPREE (Jo.). Beytrag zur revision der theorie der patcht-und-buchhandels-Contracts mit besonderer rücksicht auf die neuern französischen Gesetzen; [Essai d'après un examen de la théorie des Contrats de Vente et de Louage des livres considérés sous le rapport particulier du Droit Français]. *Erzbl.*, 1813.

392. ZACHARIE (Carl.-San.) Dissertatio de dominio quod est auctori in libris a se conscriptis. *Witemb.* 1799.

SECTION IV.

Ventes de Créances.

393. ANCKELMAN (Fred.-Georg.). De cessione nominis; et in specie, de concursu plurium creditorum in exigendo cesso debito. *Gotting.*, 1791. in-4°.

394. D'Aguesseau (Henr.-Franc.). Mémoire sur le Commerce des Actions. Dans le tome 13 de ses œuvres. *Paris*, 1819. in-8°.

DEUXIÈME SUBDIVISION.

Du Contrat et des Lettres de Change.

Section première.

Recherches historiques sur l'origine du Change.

395. Ayrer (Georg.-Henr.). Diatriba de Cambialis instituti vestigiis apud Romanos. *Lipsiæ*, 1738. in-4°.

396. Bosset (Jos.-Edl.). Der Wechsel Contract nach s. historischen, teleologischen und philos. Ansichten; [Le Contrat de Change considéré dans ses rapports historiques, philosophiques et théologiques]. *Prague*, 1811. in-8°.

397. Busch (Joh.-Georg.). Von dem wahren Grunde des Wechselrechts samt. einen Beytrag zur Geschichte desselben; [La véritable source du Change, suivi d'un Essai historique sur le même sujet]. *Hamburg*, 1770. in-8°.

398. Guden (Phi.-Pet.). Vom Wechsel und Romischen Rechte über schuldverschreibungen u. irhem Einfluss. ouf den Wohlstand der Unterthanen; [Du

Change et du Droit romain sur les inscriptions de dettes, et de leur influence sur la prospérité des sujets]. *Gotting.*, 1790. in-8°.

399. HEDLER (J.- Christ.). Positiones de origine Cambiorum. *Vitemb.*, 1744. in-4°.

400. HOFFMANN (Ernel.). Diss. de commerciis et cambiis veterum aliisque commerciorum adminiculis apud antiquos cum mantissâ de cambiis hodiernis. *Regiom.*, 1726. in-4°.

401. MARTENS (Georg.-Fred.). Versuch einer historischen Entwickelung des wharen Ursprungs des Wechselrechts; [Aperçu historique sur la vraie origine des Lettres de Change, et de leur législation]. *Gotting.*, 1797. in-8°.

402. Europäischen Wechselhandlung worinen nicht allein vom Vrsprung derselben , Erfindung der Wechselbriefe Art des Wechselcours, Provision, etc.; [Du Change Européen, de son origine, de la découverte des lettres de change, de la nature du cours de change, provision, etc.] *Nüremb.*, 1756 et 1757. in-fol.

SECTION II.

Collection de Lois sur le Change.

403. HERBACH (J.-Casp.). Verbesserte und vielvermehrte Wechsel Ordnung; [Ordonnances sur le Change , augmentées et corrigées]. *Nüremb.*, 1726. in-fol.

404. SCHERER (Phil.-Carl.). Handbuch des Wechsel-

rechts; [Manuel du Droit de Change]. *Franckf.*, 1800 et 1801. 3 vol. in-8.

405. SIEGEL (J.-G.). Corpus juris Cambialis. *Lipsiæ*, 1747 à 1786. 3 vol. in-fol.

406. UHL (J.-Ludov.). Singularia quædam legum Cambialium capita. *Francof.*, 1750. in-4°.

407. ZIMMERL (Joh.-Mic.) Vollständige Sammlung der Wechselgesetze aller Lander und Handelsplätze in Europa; nach alphabetischer Ordnung; [Collection universelle des Lois du Change de l'Europe, distribuées par ordre alphabétique]. *Vien.*, 1809. 3 vol. in-4°.

408. Banquier der in allen Fällen worsichtiger nebst den neverten Wechselordnung; [Le Banquier instruit, auquel on a joint la collection des Ordonnances sur le Change]. *Leipzick*, 1733. in-4°.

SECTION III.

Du Contrat de Change en général.

409. AZPILCUETA (Martin.). Tract. de Cambiis; *Venet.*, 1605. in-fol.

410. BALDASSERONI (Pompeïo). Leggi e costumi del Cambio; [Lois et Coutumes du Change]. *Modena*, 1805. 3 vol. in-4°.

411. BECK (J.-A.). Vom Wechselrecht; [Précis sur le Droit de Change]. *Nüremberg*, 1752. in-4°.

412. BERGER (Jo.-Henr.). De exceptione non numeratæ pecuniæ adversùs Cambium. *Virteb.*, 1709. in-4°.

413. BESEKE (Josep. - Melch.). Thesaurus juris Cambialis. *Berolini.* 1783. 2 vol. in-4°.

414. BODE (Math.). Disp. de Cambiis. *Marpurg.*, 1646. in-4°.

415. BOEDECKER. Diss. de Cambiis. *Francof.*, 1669. in-4°.

416. BONTIUS (Guill.). De usuris, cambiis, etc. *Paris*, 1550. in-4°.

417. BOUTHILIER. Le Banquier français, ou la pratique des lettres de change. *Lyon*, 1731. 1 vol. in-8°.

418. BRENTANO (Steph.). Grundsätze die Wechselrechts; [Elémens des Lois de Change]. *Manheim*, 1790. in-8°.

419. BROCKES (Barthold.-Henr.). De Cambio. *Lugd. Bat.*, 1704. in-4°.

420. BROEMEL (J.-Hen.). De Cambiis. *Argent.*, 1677. in-4°.

421. BRUCHTINGS (D.-Aug.) Unterricht zum gründlichen Verstande des Wechselrechts; [Instruction pour apprendre parfaitement le droit de Change]. *Leipzick*, 1748. in-4°.

422. CANTERA (Didac.). Tract. de Commerciis et Cambio. *Colon.*, 1620. in-f°.

423. CARPZOV (Aug.-Bened.). Tract. de Cambiis. *Lipsiæ.*, 1677. in-4°.

424. CASANOCA (Aloys). Liber de Cambiis. *Venet.*, 1558. in-4°.

425. CHITTY (Jos.). A Treatise on the law of bills

of exchange ; [Traité sur les Lois relatives aux Lettres de Change]. *London*, 1807. 1 vol. in-8°.

426. CLEIRAC (Etien.). Usance du Négoce, ou Commerce de la Banque et des lettres de Change. *Bordeaux*, 1656. in-4°.

427. CONSOBRINI (Jos.). Tractatus de justitiâ commutativâ de arte Campsoria seu de Cambiis et alearum ludo : ex emendatione Sebast. de MEDICIS. *Paris*, 1483. in-4°.

428. DOMINGUES (Joseph - Emanuel). Discursos juridicos sobrè las acceptationes pagas y interes de las Letras di Cambio : [Discours juridique sur les acceptations, le paiement et les intérêts des Lettres de Change]. *Madrid*, 1732. in-fol.

429. DUPUY DE LA SERRA (Jac.). L'Art des Lettres de Change. *Lyon*, 1768. 1 vol. in-12. (Se trouve ordinairement à la suite du 1er volume du Parfait Négociant de SAVARY). — Le même ouvrage traduit en latin. *Cologne*, 1712. in-8°.

430. EULER (Jo.-Mart.). Allgemeine Wechselencyclopädie oder theoretische und pratische Enleitung in die Wechselwissenschaften ; [Encyclopédie générale du Change, ou Introduction théorique et pratique dans la science du Change]. *Franckf.*, 1800. in-8°.

431. FABIANUS (Dom.). De Cambiis. *Genev.*, 1668. in-4°.

432. FELZ (J.-Henr.). Excerpta controversiarum illustrium de Cambiis. *Argent.*, 1707. in-4°.

433. FRANCK (Joh.-Chr.). Institutiones Juris Cam-

bialis, diversorum gentium indole negotiationis moribus campsorum collectæ. Cum pref. Henr. BROCKEN, *Jenæ*, 1751. 2 vol. in-8°.

434. FROEMMER (C.-L.). Diss. de rigore juris Cambialis. *Ingolst.*, 1712. in-4°.

435. FULEMAN. Traité sur les Lettres de Change. *Paris*, 1739. 1 vol. in-12.

436. GRATTENAUER (Car.-Wil.). Beytrag zur Erläuter des Wechselrechts; [Essai pour servir à l'intelligence du Droit de Change]. *Berlin*, 1808. 2 vol. in-4°.

437. GRAVE (Eberh.). Diss. de Cambiis. *Basil.*, 1657. in-4°.

438. HAREN (Franc. Ab.). Diss. de Cambiis. *Mogunt.*, 1716. in-4°.

439. HEBER (Georg. - Mich.). Diss. de Cambiis. *Vitemb.*, 1683. in-4°.

440. HEDLER (Jo.-Christ.). De naturâ et indole Cambiorum. *Vitemb.*, 1748. in-4°.

441. HEIDIGER (Joh.-Jac.). Anleitung zum gründlichen Verstand der Wechelsrechts; [Introduction pour servir à l'intelligence approfondie du Droit de Change]. *Cologne*, 1715. in-4°.

442. HEINECCIUS (Jo.-Gottl.). Elementa juris Cambialis, cum animadversionibus Christiani GMELIN. *Norimberg.*, 1779. in-12.

443. HEINECCIUS (J.-Gottl.). Diss. de vitiis negotia-

tionis Collybisticæ vel Cambialis. *Francof.*, 1726. in-4°.

444. HEISE (Jo.-Herm.). De naturâ atque indole contractus Cambialis. *Goetting.*, 1802. in-4°.

445. HOMMEL (Ferd. - Aug.). Cambium ad quam conventionum speciem sit referendum. *Lipsiæ*, 1739. in-4°.

446. JOSTER (J.-F.). Münz und Wechselanmerkungen; [Remarques sur les Monnoies et sur le Change]. *Mayenz*, 1751. in-4°.

447. KIDS (Stewart). Treatise on the Law of bills of exchanges and promisory notes; [Traité sur les Lois relatives aux lettres de change et simples promesses]. *London*, 1795. in-8°.

448. KUSTNER (Gottl.-Guill.). Auserlesene Wechsel-Responsa welche von einer hochlöbt Juristen-Facultät zu Francfort et abgefert, etc.; [Réponses choisies données sur les Lettres de Change, par la Faculté de Francfort-sur-l'Oder]. *Franckf.*, 1749. 2 vol. in-4°.

449. LELONG (Isaac). Vervolg von de Wissel Stil; [Sur la forme des Actions de Change]. *Amsterd.*, 1729. in-8°.

450. LEYSER (Aug.). De Cambio. *Helmst.*, 1724. in-4°.

451. LEYSER (Aug.). Quæstiones ex Jure Cambiali. *Helmst.*, 1724. in-4°.

452. LOVELASS (Pet.). The trader's safeguard : or, a full, clear, and familiar explanation of the law concer-

ning bills of Exchange; [Exposition précise, claire et familière des lois sur les lettres de Change]. *London*, 1793. 1 vol. in-8°.

453. Luca (Hieron.). De Cambiis, Marcharumque differentiis pro Lugduno. *Venet.*, 1584. in-4°.

454. Marechal. Traité des Changes et Rechanges. *Paris*, 1625. 1 vol. in-8°.

455. Marius (John.). Advice concerning bills of Exchange; [Avis concernant les Lettres de Change]. *London*, 1670. 1 vol. in-8°.

456. Masson (Philib.-Jos.). Instruction sur les lettres de Change. *Blois*, 1736. 1 vol. in-12.

457. Maxwells (J.-J.). Pocket Dictionnary of the law of bills of Exchange; [Dictionnaire de poche, contenant les lois sur les lettres de Change]. *London*, 1802. 1 vol. in-12.

458. Medina (Jo. de). Tract. de rerum dominio contractibus, cambiis, usuris, etc. *Colon.*, 1607. in-fol.

459. Merenda (Antonius). De Cambio nundinali. *Papiæ*, 1645. in-fol.

460. Meyer (Phil.-Car.). Manualen vom Gebrauch und Recht Wechselbriefe; [Manuel du Droit et des usages des Lettres de Change]. *Vindobon*, 1760. in-8°.

461. Mortimer. On bills of Exchange; [Des Lettres de Change]. *Dublin*, 1795. 1 vol. in-8°.

462. Mossler. Handbuch die Cursachsich und uber Hennebergischen Wechselrechts; [Essais et Écrits

sur les Lois de Change]. *Wittemb.*, 1800. 1 vol.
in-8°.

463. NOWACK (Joseph). Einleitung in das Wechselrecht; [Introduction au Droit de Change]. *Vienne*,
1799. in-8°.

464. OTTO (Daniel). De Cambiis. *Aurel.*, 1687.
in-4°.

465. PARDESSUS (J.-M.). Traité du Contrat et des
Lettres de Change. *Paris*, 1809. 2 vol. in-8°.

466. PETZOLDT (Nic.-Hart.). De fundamento rigoris
Cambialis. *Gotting.*, 1795. in-4°.

467. PHOONSEN (Jo.). Wissel styl tot Amsterdam als
mede Plakkaten ordinantien in oot Algemen, etc.,
verbotert door Isaac LELONG. [Lois et usages de
change d'Amsterdam et des principales places d'Europe, augmentés par Lelong]. *Rotterdam*, 1755.
2 vol. in-8°. — Traduit en français par RICARD.
Rotterdam, 1715. 1 vol. in-4°.

468. POTHIER (Rob.-Jos.). Traité du Contrat de
Change. *Paris*, 1763. 1 vol. in-12.

469. POTTEY (Enoch.). Diss. de Cambiis. *Lugd.
Batav.*, 1710. in-4°.

470. PUTTMANN (J.-L.). Grundzâtze des Wechselrechts; [Elémens du Droit de Change]. *Leipzig*,
1805. in-8°.

471. RACTIUS (Seraphinus). De Cambio. *Perus.*,
1604. in-4°.

472. REITZ (Car.-Conr.). Grondbeginselen van het
Wisselrecht, etc. [Traduction Hollandaise des éle-

I.   *e*

mens de Droit de Change d'Heineccius, avec des additions]. *Middelb.*, 1774. in-8°.

473. Rennemann (Henr.). Diss. de Cambiis. *Vittemb.*, 1623. in-4°.

474. Reusner (Jer.). Diss. de Cambiis. *Vittemb.*, 1623. in-4°.

475. Rhetius (Jo.-Fred.). De usurâ Cambiorum. *Francof.*, 1666. in-4°.

476. Riccius (C.-G.). Exercitationes XVII in universum jus Cambiale, ex Legibus Cambialibus collectæ. *Gotting.*, 1782. in-4°.

477. Roman (Paul.-Franc.). Diss. de Cambiis. *Lipsiæ*, 1668. in-4°.

478. Rudolph (Laur. de). Tractatus de Cambiis. In Tractatuum Tractatu. tom. VIII.

479. Salas (Jo. von). Tract. de Cambiorum dubiis. *Lugd.*, 1617. in-4°.

480. Sbrozz (Jac.). Tract. de Commerciis et Cambio. *Genev.*, 1664. in-fol.

481. Scaccia (Sigis.) De Commerciis et Cambiis. *Coloniæ*, 1738. in-fol.

482. Schafshausen (Nic.). Diss. de Cambiis. *Wittemb.*, 1323. in-4°.

483. Scharf (Jo.-Frid.). Diss. de Cambiis. *Wittemb.*, 1665. in-4°.

484. Schiébé (Aug.). Traité théorique et pratique des Lettres de Change. *Strasbourg*, 1819. 1 vol. in-8°.

485. SELCHOW (J.-N. von)· Grundsätze des Wechselrechts; [Principes du Droit de Change]. *Gotting.*,
1758. in-4°.

486. SIEGEL (J.-G.). Einleitung zum Wechselrechts
uberhaüpt, Vermehert von Aug. Fred. SCHOTT. ;
[Introduction au Droit de Change en général , avec
addition par Schott]. *Leipzick*, 1773. in-8°.

487. SIEGEL (J.-G.). Fursichtiger Wechselglaübiger;
Vermehert von Aug. Fred. SCHOTT ; [Le Créancier
d'une lettre de Change, prudent, avec addition par
Schott]. *Leipzick*, 1776. 1 vol. in-8°.

488. SIEVEKING (G.-H.). Materialien zu einen voll-
ständigen and systematischen Wechselrecht , mit
einer vor rede und Anmerkunger von EGGERS; [Ma-
teriaux d'un Droit de Change universel et systématique, avec addition par Eggers]. *Copenh.*, 1802.
in-8°.

489. SPRENGER (Jo.-Tho.). Kurze Wechsel *Prac-
tic* ; [Pratique abrégée du Change]. *Franckfurt.*,
1667. in-4°.

490. STRUVIUS (Georg.-Adam). Diss. de spinosâ et
difficillimâ Cambiorum materiâ. *Jenæ*, 1662. in-4°.

491. SUAREZ (Mig.-Ger.). Tratado legale theorico y
pratico de Leteras di Cambio. [Traité légal et
théorique des Lettres de Change]. *Madrid*, 1789.
2 vol. in-8°.

492. SUGG (Balth.-Jos.). Dissertation sur les principes généraux du Droit de Change. *Coblentz* ,
1808. in-8°.

493. THURMANN (Gasp.). Cambialia seu de Cambiis in genere et in specie. *Lipsiæ*, 1712. in-4°.

494. TURAMINI (Alex.). Fragmento del Trattato dei Cambi. *Venezia*, 1770. in-fol.

495. TURRI (Raph. Von). De Cambiis. *Francof.*, 1655. in-fol.

496. UPIANUS (Dyd.). De Usuris, Cambiis, etc. *Venet.*, 1761. in 8°.

497. VIO (Thomas de). De Cambiis. In Tractatu Tractatuum. Tom. VI.

498. VOGT (Jos.-Mar.). De Cambiis. *Francof.*, 1671. in-4°.

499. VOLTINDER (J.-Adam). Lehrgebäude über Geld. Banken and Wechselwesen; [Système sur la nature de l'argent, des banques et du change]. *Heidelb.*, 1798. in-8°.

500. WALTHER (Jo.). Diss. de Cambiis. *Colon.*, 1715. in-4°.

501. WOLF (Phil.-Jac.). Diss. de Cambiis. *Francof.*, 1652. in-4°.

502. WUNDERLICH (J.-G.). Abriss eines Collegii über der Wechselrecht; [Opinion d'une Université sur le Droit de Change]. *Jenæ*, 1756. in-8°.

503. ZELLER (Hen.). Neve Wechsel Schule für gemeine Handelsleute sowol als Wechseler; [Nouveau Cours du Droit de Change, à l'usage des commerçans et des banquiers]. *Augsburg*, 1780. in-8°.

504. Anleitung zum grünlichen Verstand des Wesch-

selrechts ; [Introduction pour servir à la connaissance approfondie du Droit de Change]. *Franckf.*, 1676. in-4°.

SECTION IV.

Des Lettres de Change.

5o5. BEJER (Ad.). Diss. de reciproco conventionali vom Wechselrecht. *Jenæ*, 1688. in-4°.

5o6. DICEL (Ben. - Hier.). De Cambiis trassatis. *Erford.*, 1719. in-4°.

5o7. EVANS (William-David). Essai on the laws of bills of Exchange. [Essai sur les Lois relatives aux Lettres de Change]. *Liverpool*, 1802. in-8°.

5o8. KNORRE (Ern.-Frid.). Progr. de verâ naturâ et indole contractus Cambialis in Cambio trassato. *Halæ*, 1752. in-4°.

5o9. REINHARTH (Tob.-Jac.). Diss. de differentiâ et convenientiâ inter obligationem ad carcerem et litteras cambiales. *Erf.*, 1731. in-8°.

51o. RITTER (Car.-Aug.). Assignationis et Cambii trassati idea prima et genuina curatius evoluta, et à principiis evidentibus deducta. *Lipsiæ*, 1747. in-4°.

511. RIVINUS (Joh.-Flor.). Diss. de clausulâ Cambiali. *Lipsiæ*, 1725. in-4°.

512. SISMUS (Elis.). Diss. de litteris Cambii. *Ultr.*, 1726. in-4°.

513. ZIPFEL (Henri). De Tesseris collybisticis. *Norimb.*, 1738. in-4°.

5.4. Zipfel (Henri). Von Wechselseln und dero, usancen : [De la Lettre de Change et de son usance]. *Nürimb.* 1738. in-8°.

5.5. Uber Wechsel duplicate Wechselabschriften u. einige andere verwandte Gegenstande. Ein Bertrung zür Erörter des Wechselrechts ; [Des Duplicata des Lettres de Change et quelques autres objets relatifs, avec un Essai pour servir à l'intelligence du Droit de Change]. *Franckf.*, 1807. in-8°.

Section V.

Des Négociations par endossemens,

5.6. Breuning (Ch.-Henr.). Disp. an Cambii invalidi indossatio Cambium reddat validum? *Lipsiæ,* 1771. in-4°.

5.7. Canngiesser (L.-H. Von). Varia observata circa actionem ex cambio cesso. *Cassel*, 1793. in-8°.

5.8. Dorn (Am.-Chr.). Diss. de ultimo indossatario Litterarum cambialium, omnium indossantium, nec non remittentis imò ipsius trassantis mandatario ejusque obligatione et culpæ prestatione. *Chilon*, 1761. in-4°.

5.9. Ghia (Giuseppe). Della clausula *all' ordine*, o sia *all' ordine s. v.*, adoperata nel Cambiali, e del suo vero significato ; [De l'expression *à l'ordre*, ou *à l'ordre s. v. p.*, employée dans la Lettre de Change, et de sa vraie acception]. *Roma*, 1788. in-8°.

520. Grattnauer (Car.). Uber die Wechselprocura; [Sur le Mandat dans l'endossement d'une Lettre de Change]. *Berlin*, 1800. 1 vol. in-8°.

521. GROLLMANN (Melch.-Dieth.). De cessione Litterarum Cambialium. *Giess.*, 1711. in-4°.

522. HOCH (Jos.-Pet.). Dissert. de differentiâ inter Cambii cessionem et indossationem. *Gotting.*, 1800. in-4°.

523. HOECKNER (J.-Fred.). Diss. de Litterarum Cambialium indossamento. *Lipsiæ*, 1707. in-4°.

524. HOFFMANN (God.-Dan.). Diss. de effectu indossationis cambii proprii. *Tubing.*, 1767. in-4°.

525. KLUGEL (Ern.-Gr.-Chr.). Disp. de indossatione Cambiorum. *Vittemb.*, 1771. in-4°.

526. KOCH (J.-Ch.). Diss. quatenùs indossatorio exceptiones a personâ indossantis opponi queant? *Giessæ*, 1773. in-4°.

527. LEYSER (Aug.). De cessione Cambii. *Helmst.*, 1724. in-4°.

528. NOOTEN (Dicler Hoola van). Diss. de Litterarum Cambialium cessione et indossatione. *Lugd.-Bat.*, 1768. in-4°.

529. PUTTMANN (Jos.-Lud.-Ern.). Diss. an ex Cambii invalidi indossamento contrà indossantem Cambialiter procedi possit. *Lipsiæ*, 1782. in-4°.

530. REITMEIER (Jo.-Fred.). Das Indossementprocura; ein Beitrag zum Wechselrechte; [Du Mandat dans l'Endossement, suivi d'un Essai sur le Droit de Change]. *Franckfurt*, 1798. in-8°.

531. SIEGEL (Jo.-Gottl.). Diss. de indossato reconveniendo. *Lipsiæ*, 1724. in-4°.

SECTION VI.

Des Acceptations.

532. BREUNING (Chr.-Henr.). Specimen de protestatione contrà acceptationem conditionalem Litterarum Cambialium. *Lipsiæ*, 1764. in-4°.

533. FRANCK (Joh.-Chr.) De Jure adimplementi Litterarum Cambialium honoris causâ. *Halæ-Magdeb.* 1715. in-4°.

534. GRIES (Joh.-Deod.). De litterarum Cambialium acceptatione. *Jenæ*, 1800. in-4°.

535. MUSÆUS (J.-D.-H.). De trassato Litteras Cambiales in honorem acceptante. *Gotting.*,1775. in-4°.

536. STRYKIUS (Samuel). De Litterarum Cambialium acceptatione. *Halæ*, 1710. in-4°.

537. WILLENBERG (Sam.-Frid.). De incommodo trassantis ob non acceptas Litteras Cambii. *Gedan.*, 1702. in-4°.

SECTION VII.

De l'Aval.

538. GERKEN (Sebas.-Hen.). De Juribus fidejussoris, Cambialis. *Gies.*, 1752. in-4°.

539. HETZLER (J.-L.). De differentiis juris Romani et juris Cambialis in fidejussione. *Argent.*, 1755. in-4°.

540. PUTTMANN (Jos.-Lvd.-Ern.). De Avallo. *Lipsiæ*, 1781. in-4°.

SECTION VIII.

Paiement, Protêt et ses suites.

541. BASTINELLER (Gebh.-Chris.). De Jure creditoris litterarum cambii, cum, vel sine clausulâ hypothecæ. *Halæ*, 1714. in-4°.

542. BAUMANN (Vincent). Diss. de Obligatione heredis ex Cambio defuncti debitoris. *Traj. ad Rhenam*, 1752. in-4°.

543. BAUMHAVER (Will.-Jacq.). Dissert. de Litter. Cambialium discontatione. *Gotting.*, 1796. in-4°.

544. BECKER (Herm.). Diss. de Litteris cambialibus et earum prolongatione. *Rost.*, 1758. in-4°.

545. BEHM (Joach.-Phil.). Diss. de naturâ et indole exceptionum in causis Cambialibus. *Gotting.*, 1783. in-4°.

546. BERGER (Jo.-Henr.). Diss. de exceptione non numeratæ pecuniæ adversùs Cambium. *Vittemb.*, 1709. in-4°.

547. BIENER (Ch.-Gott.). De Protestationibus Cambii. *Lipsiæ*, 1813. in-4°.

548. BONDT (Jo.). Dissert. de periculo damni ex falso in Litteris Cambialibus commisso. *Lugd.Bat.*,1788. in-4°.

549. DONDORF (Christoph.). De termino peremto-

rio solutionis et protestationis cambiorum. *Hal.*,
1740. in-4°.

550. EINERT (Chr.-Gotl.). An is qui Cambium tras-
satum acceptavit in ipsâ solutione, præter redditio-
nem cambii, apocham a præsentante jure suo possit
exigere? *Lipsiæ*, 1801. in-4°.

551. FRANCK (Jos.-Chr.). De induciis ad Litteras
cambiales solvendas earumque termino vulgò *dis-
cretionstâge*. *Jenæ*, 1751. in-4°.

552. GREEN (Aug.-Fr.-Sig.). De amissione litterarum cambialium. *Lipsiæ*, 1793. in-4°.

553. GREEN (Aug.-Fred.-Sigism.). Progr. de renuntiatione præscriptionis in Cambio. *Lipsiæ*, 1777.
in-4°.

554. GRAEVIUS (Ch.-Frid.). Diss. de exceptione præs-
cripti Cambii. *Francof.*, 1738. in-4°.

555. GUENTHER (Ern.-Fred.). De actionum ex nego-
tione Cambiali oriundarum naturâ et præscriptione.
Lipsiæ, 1810. in-4°.

556. GUNDERODE (Henr.-Will.). Beantwortung der
Frage: obder Indossat. gegen den Indossanten wegen
eines mit Protest zuruckgekomenen Wechsels nach
Wechselrecht klagen könne; [Réponse à la question
de savoir, si l'endosseur actionné après protêt, peut
recourir par voie d'une retraite sur les autres en-
dosseurs]. *Giess.*, 1788. in-8°.

557. HUFELAND (Gottlieb). Primæ lineæ doctrinæ
de protestatione Cambiali. *Jenæ*, 1799. in-4°.—Traduit en allemand par J. M. Ch. ZIMMERL. *Vienne*,
1801. in-8°.

558. KAPFF (S. Jac.). De prolongatione Cambii ejusque effectibus. *Tubing.*, 1777. in-4°:

559. KOENIGKE (J. Christ.). Diss. de præsentatione
Litterarum Cambialium. *Lipsiæ*, 1711. in-4°.

560. LEESER (And.). Beantwortung einiger wichti-
gen-Fragen, von Wechseln und Wechsel-Briefen ab
namlich die Wechsel-Briefe alsobald präsentirt, ein-
folglich sonder Versuch versandt werden Müssen ;
[Réponses à quelques questions importantes, par
exemple, si les lettres de change présentées doivent
être renvoyées sans délai]. *Hamburg.*, 1705. in-4°.

561. LUEBECK (Melch.). De Protestatione in Cambiis.
Lips., 1711. in-12.

562. MEREAU (F.-Ecar.). Zwei praktischen Abhandlungen über die Fertigund der Notariastinstru-
mente, etc. ; über die Fertigund der Wechselbriefe,
mit einer kurzen praktischen Vebersicht derer bei
Wechselgeschäften gewohnlich verkommenden Ne-
bengeschäfte ; [Deux Dissertations pratiques sur la
confection des Protêts, sur celle des Lettres de
Change ; Aperçu abrégé des poursuites qui ont lieu
en matière de Change]. *Jenæ*, 1797. in-8°.

563. RAHN (Wilh.-Hen.). Ub. die Unzulassigkeit
der Einrede des Anastassianischen Gezetzes gegen
Wechselforderungen nach gemeine Rechte ; [De
l'impuissance de l'exception de la Loi Anastasienne
en matière de Change, examinée d'après le Droit
commun]. *Brunswick*, 1802. in-8°.

564. RIVINUS (Jo.-Flor.). Progr. quonam die debitor Litterarum Cambialium ad nundinas illas in-

desinitè, nullâ solutionis die speciatim insertâ direc-
tarum solutionem præstare debeat, et quando eadem
dilata adversum ipsum rigor Cambialis. locum habeat. *Lipsiæ*, 1729. in-4°.

565. SCHOENIGAHN (Hen.-Carl.). Ub die Zulässigk
der Einrede des Anastasianischen Gezetzes gegen
Wechselforderungen ; [Sur la validité de l'exception de la Loi Anastasienne contre les actions
en matière de Chauge]. *Wolfenb.*, 1803. 1 vol.
in-8°.

566. UFFENBACH (Jos.-Jac.). Dissert. de Protestationibus in Cambiis. *Alidorf.*, 1715.

567. WAKKER (J.-Fred.). De Exactore Litterarum
Cambialium. *Lugd.-Bat.*, 1817. in-8°.

568. WILLENBERG (Sam.-Frid.). De exceptione
doli mali in Cambio cessante. *Gedan.*, 1730. in-4°.

TROISIÈME SUBDIVISION.

Du Prêt commercial.

SECTION PREMIÈRE.

Des Prêts et Avances en général.

569. BAVER (Jo.-Godfr.). Programma an et quandò
assignatio processui executivo locum det? *Lipsiæ*,
1758. in-4°.

570. BECKMANN (Gust.-Bern. et Otto). De Interusurio
mathematico-juridica dissertatio. *Gotting.*, 1784.
in-4°.

571. BUSCH (Carl.-Lud.). Rechtgutachten uber der

Rechte ub-Verbindlichkeiten die aus einen credit
Briefe enstechen, etc.; [Consultation sur les Droits
et Obligations provenant d'une Lettre de crédit].
Ling., 1797. in-8°.

572. COCCEIUS (Henr.). Diss. de Assignationibus.
Francof., 1703. in-4°.

573. DUMOULIN (Carol.). Tractatus commerciorum
Contractuum et usurar, etc. in ejus operum collect.,
tom. II. *Paris*, 1681. in-fol.

574. ESTOR (Jos.-Georg.). De permisso et vetito
Collybo quem *agio* vocant, etc. *Marp.*, 1754. in-4°.

575. GIBALINUS (Jos.). De Usuris et Commerciis.
Lugd., 1656. in-4°.

576. HARPPRETCH (Ferd.-Chr.). De Assignatione
nominis. *Tubing.*, 1703. in-4°.

577. HILDEBRAND (Henr.). De revisione rationum
semel expunctarum. *Altdorf.*, 1722. in-4°.

578. HUMBOURG (Franc.-Br.). De errore calculi.
Argent., 1749. in-4°.

579. MYLIUS (Gud.-Henr.). De anticipatione usurarum. *Lipsiæ*, 1659. in-4°.

580. RICHELMAN. Dissert. inauguralis summa capita
doctrinæ de assignationibus mercatorum exhibens.
Gryph., 1805. in-4°.

581. SAUMAISE (Claud.). De usuris et modo usurarum et fœnore trapezitico. *Lugd. Bat.*, 1640.
3 vol. in-8°.

582. SICHERER (Carl.-Phil.). De Adsignationibus.
Giess., 1782. in-4°.

583. STENGER (Jos.-Jero.). De Assignationibus Mercatorum, etc. *Lipsiæ*, 1712. in-4°.

584. STRYKIUS (Sam.). De assignationis inter Mercatores jure. *Hall.*, 1708. in-4°.

585. WESSELOW (Lud.). Dissert. ad leg. ultim. de errore calculi. *Basilæ*, 1671. in-4°.

SECTION II.

Des Prêts sur nantissement

586. ASCIANI (Dorot.). Montes Romanenses Pietatis. *Lipsiæ*, 1670. in-4°.

587. BARIANI DE PLAZENTIA (Nic.). Apologia Montis veræ Pietatis. *Cremonæ*, 1496. in-4°.

588. CERETTI (J.-B.). Histoire des Monts-de-Piété. *Padoue*, 1752. in-12.

589. COLBRAND (Nic.). De Montibus Pietatis. *Argent.*, 1670. in-4°.

590. GOECKEL (Rud.-Chr.). De Montibus Pietatis. *Gotha*, 1722. in-4°.

591. MARPERGER (Paul-Jacob). Montes Pietatis. *Lipsiæ*, 1715. in-4°.

592. MARTIN (Nic.). Disp. de Montibus Pietatis. *Kil.*, 1688. in-4°.

593. MEYER (Lud.-Jac.). De Montibus Pietatis. *Giess.*, 1739. in-4°.

594. RUDOLPH (Laur.). De usuris et materiâ Montis Pietatis. In Tractatu Tractatuum. Tom. VI.

595. USAYA (Dom.). De Locis Montium. *Romæ*, 1725. in-8°.

596. WALCH (Jo.-Frid.). Diss. de Jure Creditoris mutatâ re oppignoratâ. *Jenæ*, 1769. in-4°.

597. WOLF (Steph.). De pacto quo debitores creditoribus permittunt, ut propriâ auctoritate res obligatas accipiant. *Ingolst.*, 1575. in-4°.

QUATRIÈME SUBDIVISION.

Du Dépôt.

598. BEJER (Adrien). De receptis tam personarum quam rerum. *Giess.*, 1675. in-4°.

599. BOECKELLEN (Joh.-Goth.). De Jure Hospitiorum. *Helmst.*, 1677. in-4°.

600. HARPPRECHT (Ferd.-Chr.). Diss. de actione utili de recepto. *Tubing.*, 1707. in-4°.

601. KANNEGIESSER (Lud.-Christoph.). De receptu rerum miserabilium. *Duisburg*, 1735. in-4°.

602. KRAUSS (Ge.-Frid.). Diss. de actione de recepto casum fortuitum non persequente. *Vittemb.*, 1750. in-4°.

603. KRAUSS (Ge.-Frid.). Theses controversæ de receptis. *Vittemb.*, 1757. in-4°.

604. LAUTERBACH (Volf.-Ad.). Disputat. de Nautis cauponibus et stabulariis. *Tubing.*, 1676. in-4°.

605. LINKER (Nic.-Chr.). Diss. de receptis. *Jenæ*, 1679. in-4°.

606. MOEB (F.-Tob.). De Jure hospitii mercenarii. *Jenæ*, 1752. in-4°.

607. MULLER (P.). De deposito miserabili. *Jenæ*, 1714. in-4°.

608. RAIUS (Christ.). De actione depositi adversùs tertium possessorem. *Lipsiæ*, 1775. in-4°.

609. RICHTER (Jo. - Guill.). Diss. ad tit. 9 lib. 4. Dig. de act. in factum ex quasi contractu recept. moribus nostris non conveniente. *Lipsiæ*, 1759. in-4°.

610. SPECHT (Chret.). De Stabulis cauponis et hospitiis mercenariis. *Vittemb.*, 1739. in-4°.

611. WERNHER (Jo.-Bal.). Diss. quâ actio de recepto aliaque juris Capita adversùs dissentientes asserta. *Vittemb.*, 1721. in-4°.

612. WILDVOGEL (Chr.) De jure stabulorum. *Jenæ*, 1715. in-4°.

613. ZINCKIUS (G. H.). De receptione in cauponam. *Erford.*, 1720. in-4°.

614. ZOLLER (Frid. -Gottl.). An detur depositum irregulare. *Lipsiæ*, 1775. in-4°.

615. ZOLLER (Frid.-Gottl.). De usu actionis de recepto quoad mores hodiernos. *Lipsiæ*, 1775.

CINQUIÈME SUBDIVISION.

Des Louages d'ouvrages et d'industrie.

SECTION PREMIÈRE.

Des entreprises de travaux, louages de commis, ouvriers et serviteurs.

616. BARDILLI (Burckhard). De faciendi obligatione. *Tubing.*, 1682. in-4°.

617. BEJER (Adr.). Disp. de mercede conductitiorum opificum. *Jenæ*, 1691. in-4°.

618. BILLAUDET (Jo.-Bapt.). De Collatione mercedis in arbitrium alienum. *Argent.*, 1720. in-4°.

619. BLOT (Ægid.). De jure opificum. *Francof.*, 1624. in-4°.

620. FRICKE (J. H.). Grunsätze des Rechts der Handwerker; [Principes sur les Droits des Ouvriers]. *Goetting.*, 1802. 1 vol. in-8°.

621. GERDESIUS (Fred.). De obligatione faciendi. *Gryph.*, 1694. in-4°.

622. GILDEMESTER (Jo.-Fred.). Diss. de mercede in locato conducto. *Duisb.*, 1782. in-8°.

623. HAASE (Car.-Aug.). De opere locato et conducto comment. grammat. et histor. *Lipsiæ*, 1814.

624. HERTIUS (Jos.-Nic.). De obligatione alicui facturum daturumve. *Giess.*, 1692. in-4°.

625. KÖLER (Jo.-Ad.). Disp. de Mercede. *Alt.*, 1675. in-4°.

626. MOEGLING (Jac.-David). De electione certæ personæ industriæ. *Tubing.*, 1715. in-4°.

627. REINECCIUS (Joach.-Jac.). De eo quod præcipuè justum est circà superamenta ex primâ materiæ elaboratione fabrili. *Erford.*, 1730. in-4°.

628. SCHEFFER (Jo.-Theod.). De Jure Famulorum. *Tubing.*, 1754. in-4°.

629. STRUV. (Georg.-Adam.). De operarum locatione et conductione. *Jenæ*, 1747. in-4°.

630. STRYKIUS (Elia-Aug.). De eo quod justum est

I.   *f*

circà ludos Scænicos operasque modernas. *Norimb.*, 1696. in-4°.

631. STRYKIUS (Sam.). De Jure Domesticorum. *Francof. ad Viad.*, 1683. in-4°.

632. TEXTOR (Jo.-Wolfg.). De Jure Opificum; adjectis STRUVII decisionibus Juris opificiarii. *Heidelb.*, 1675. in-4°.

633. ZACCHIAS (Lemfranc). De Salario seu operationum mercede. *Venet.*, 1664. in-4°.

SECTION II.

Des Louages pour le transport des personnes ou des marchandises.

634. HARPPRECHT (Ferd.-Chr.). Actio utilis de recepto utrùm contrà Rhedarum meritoriarum exercitores, postarum magistros et quoscunque aurigas locum obtineat? *Tubing.*, 1707. in-4°.

635. HOMMEL (Chr.-Gotl.). De nautis, cauponibus et stabulariis. *Vittemb.*, 1780. in-4°.

636. LIEBHABER (Eric.-Dan.). Exerc. I et II ad leg. 4, *Dig.* Nautæ. caupones, stabularii ut recepta restituant. *Hannov.*, 1747. in-4°.

637. RHODIUS (Marc.). Diss. de Mercibus transeuntibus. *Francof. ad Mœn.*, 1689. in-4°.

638. TENZEL (Ern.-Em.). Magistros postarum teneri ex actione de receptis. *Erf.*, 1727. in-4°.

639. WILDVOGEL (Christ.). De Conductore mercatario, der Kaufleute Geleiter. *Jen.*, 1766. in-4°.

SIXIÈME SUBDIVISION.

Des procurations, prépositions et commissions.

640. ADOLPHE (Chr.). Diss. de Institoribus. *Alt-dorf.*, 1671. in-4º.

641. BEVERHUSIUS (Petr.-Chr.). Diss. de Obligatione ex contractu institoris oriundâ. *Ultraj.*, 1712.

642. BREUELS (Herm.). De Contractu commissionis ad merces coemendas datæ. *Gotting.*, 1800. in-4º.

643. BREUNING (Chr.-Henr.). Diss. de institore obligante heredem ante aditam hereditatem. *Lipsiæ,* 1767. in-4º.

644. ECKOLT (Amad.). Diss. de Institóriâ actione. *Lipsiæ*, 1674. in-4º.

645. ERHARD (Ch.-Den.). Procurator mercatorum (Spéditeur) qui merces alienas accepit ut nautæ aut veredario ulterius transvehendas traderet non nisi ex mandato, minimè verò actione de recepto conveniri potest. *Lipsiæ*, 1865. in-4º.

646. EYBEN (Hulder ab). De Constitutione et Juribus factorum seu institorum. *Giess.*, 1694. in-4º.

647. EYBEN (Hulder ab). Diss. de Factoribus seu de actionibus quæ dantur in præponentem et factorem ipsum. *Giess.*, 1687. in-4º.

648. GRASSECC (P.). Disp. de actione exercitoriâ, institoriâ et tributoriâ. *Argent.*, 1594. in-4º.

649. GUENTHER (Ch.-Fr.). De expeditoribus mercium per varia emporia transportandarum (Spéditeurs). *Lipsiæ*, 1868. in-4º.

650. HEINEKEN (Fr.-Guill.). De negotiatione quam vocant Speditoriam. *Heidelb.*, 1811. in-4°.

651. KOCH (Jo.-Chris.). De Mercibus in commissionem datis. *Giess.*, 1766. in-4°.

652. MARC (Jo.-Chr.). De obligatione institorum seu factorum. *Argent.*, 1644. in-4°.

653. MICHAELIS (Ch.-Aug.). De Lege præpositionis. *Lipsiæ*, 1804. in-4°.

654. MONTAGUES (Basil.). Summary of the Law of set off. [Abrégé des Lois sur les facteurs et préposés]. *London*, 1801. 1 vol. in-8°.

655. PALEY (Will.). A Treatise on the Law of principal and agent, with reference to mercantile transactions; [Traité sur les Lois relatives aux Commettans et à leurs préposés, considérées dans leurs rapports avec les négociations commerciales]. *London*, 1819. 1 vol. in-8°.

656. PUTTMAN (Jos.-Lud.-Ern.). De Negotiatione quæ procurationis nomine exercetur. *Lipsiæ*, 1789. in-4°.

657. PUTTMANN (Jos.-Lud.-Er.). De negotiatione quæ accipiendis custodiendis et transmittendis mercibus exercetur. *Lipsiæ*, 1793. in-4°.

658. ROTH (Henri-Halth.). Diss. de Commerciis institoriis. *Jenæ*, 1682. in-4°.

659. SPRECKELSEN (Vinc.-A.). Diss. de Institoribus mercatorum. *Basil.*, 1645. in-4°.

660. TITTMANN (Carl.-Aug.). Von der Stathaftigkeit der institorischen Klage der Gewerbsvorfchriften;

[De la validité de l'action institoire, et des Règlemens sur les Métiers]. *Dresden*, 1805. in-8°.

SEPTIÈME SUBDIVISION.

Des Cautionnemens et Garanties contre des pertes éventuelles.

661. AMSINGK (Zimb.). De obligatione ex Litteris commendatitiis. *Argentor.*, 1674. in-4°.

662. BAUER (Henr.-God.). Resp. CXLI, ad ædes assecurendas pendenda minus apte ad onera referuntur. *Lipsiæ*, 1803. in-8°.

663. BECKER (Herm.). Dissert. de indole Contractûs locationis conductionis adjecti assecurationi. *Rost.*, 1757. in-4°.

664. DAEGENER (Carl.-Math.). De legitimâ probatione casuum fortuitorum. *Lipsiæ*, 1731. in-4°.

665. DEINLIN (G.-Frid.). De verâ indole S. C. Velleiani ad uxorem mercatricem pro marito intercedentem applicata. *Aldtorf.*, 1751. in-4°.

666. FRITCH (Ahasu). De Litteris commendatitiis. *Helmst.*, 1752. in-4°.

667. FROMMAN (Jo.-Andr.). De Commendatione. *Tubing.*, 1669. in-4°.

668. HEILSBERG (Chris.). De Jure circa fortuita. *Francof. ad Oder*, 1695. in-4°.

669. HEDINGER (Jo.-Reinh.). De Litteris commendatitiis. *Gen.*, 1699. in-4°.

670. Hoffmann (G.-D.). De assecuratione ædium. *Tubing.*, 1761. in-4°.

671. Homborg (And.). De Litteris commendatitiis. *Helmst.*, 1752. in-4°.

672. Lincker (Nic.-Ch.) De Commendatione speciali. *Jenæ*, 1746. in-4°.

673. Mántzel (F.). De Commendatione in specie. *Butzow*, 1765. in-8°.

674. Marsiliis (Hyp.). Tractatus de fidejussoribus. In collect. tract. Strachæ et aliorum. *Vid.* n. 108.

675. Mencken (Ludov.). De Conventione circà præstandos casus fortuitos. *Lipsiæ*, 1705, in-4°.

676. Ploessing (And.-Henr.). Fidejussio et commendatio utrum inter mercatores admittant benificium ordinis nec non. *Lipsiæ*, 1795. in-4°.

677. Schunéman (Alb.). De Contractu avertendi periculi. *Giess.*, 1687. in-4°.

678. Straccha (Benev.). De Debitoribus, fidejussoribus. In collect. ejus Tractat. (*Vid.* n. 108.)

679. Villagut (Alph.). De Usuris circà Contractum mutui, assecurationis, etc. *Venet.*, 1589. in-fol.

680. Wahl (Jos.-Frid.). Quid propriè in receptione casuum fortuitorum pactitiâ probandum sit ? *Gotting.*, 1752. in-4°.

681. Winckler (Car.-Fred.). De ærarii securitalis contrà incendiorum pericula præstandæ causâ constituti ordinatione a magistratu municipali sine principis confirmatione non promulgendâ. *Kilon.*, 1771. in-4°.

682. Selecti Tractatus Juris varii in materiâ assecurationis et cautionis diversorum veterum auctorum.
Venitiœ, 1588. in-4°.

683. The Plan of the Society for equitable assurances
on the lives and survivorship; [Projet d'une Société
d'assurance sur la vie et tontine]. *London*, 1767.
in-8°.

CINQUIEME DIVISION.

OUVRAGES QUI TRAITENT PARTICULIÈREMENT DU DROIT MARITIME.

PREMIÈRE SUBDIVISION.

Collections de Lois, et sources du Droit maritime.

684. Azuni (D.-A.). Origine et progrès du Droit
maritime. *Paris*, 1810. 1 vol. in-8°.

685. Clairac (Etienne). Us et Coutumes de la mer,
contenant les jugemens d'Oleron, ordonnances de
Wisbuy, de la Hanse-Teutonique, et autres pièces.
Bordeaux, 1671. 1 vol. in-4°.

686. Engelbrecht (J.-A.). Corpus juris nautici,
oder Sammlung aller Seerechte den bekantesten
handelnden Nationen alterer und neuer Zeit; [Corps
de droit maritime, ou Collection de toutes les lois
maritimes des nations les plus célèbres des temps
anciens et modernes]. *Lübeck*, 1790. 1 vol. in-4°.

687. Forster (Sam.). Digest of all the law relating
to the Customs on trade and Navigation; [Collection

de toutes les Lois et Coutumes relatives au Commerce et à la Navigation]. *London,* 1727. in-8°.

688. FRÉDERIC (Christ.-Conrad.-Wilh.). Progr. de celebratissimis Juris maritimi scriptoribus. *Lipsiœ,* 1758. in-4°.

689. LANGE (A.). Brevis Introductio in notitiam Legum nauticarum et scriptorum juris reique maritimæ. *Lubeck,* 1724. in-8°.

690. LECLÈRE (P.). Traité général du domaine de la mer, et Corps complet de Lois maritimes, comprenant ce qu'il y a de plus intéressant dans les écrits des anciens et des modernes. *Amsterd.,* 1757. 1 vol. in-12.

691. NÉALES (T.). Abstract of the sea Laws établished in most kingdoms of Europe; [Abrégé des lois maritimes de la plupart des royaumes de l'Europe]. *London,* 1704. in-12.

692. PASTORET (marquis de). Dissertation sur cette question : quelle a été l'influence des lois maritimes des Grecs et des Romains, et celle de leur marine sur la puissance de ces deux peuples ? *Paris,* 1784. 1 vol. in-8°.

693. PIANTANIDA. Della Giurisprudenza maritima commerciale antica e moderne; [De l'ancienne et moderne Jurisprudence commerciale et maritime]. *Milano,* 1806. 5 vol. in-4°.

694. SCHOMBERG (Alex.). Treatise of the maritimes Laws of Rhodes, etc. [Traité des Lois maritimes de Rhodes]. *London,* 1786. in-8°.

695. WELVOD' (Will.). Abrigdgment of all sea Laws

gathered forth of all meritings monuments wich are to be found among any people or nation upon the cost of the great Ocean and Mediteranes sea; [Abrégé de toutes les Lois maritimes, compilé d'après les monumens les plus remarquables des nations habitant les côtes du grand Océan et de la Méditerranée]. *London*, 1556. 1 vol. in-18.

696. Leges Rhodiorum navales et Jus navale Rhodiorum, in Schardii collect. Legum navalium, etc. *Basil.*, 1561. in-8°.

697. Libre appellat Consolat de Mar, novamente estampat et corregit; affigits los capitols e ordinancions dels drets del general, e del dret, del pes, del senor Rey ab altres coses necessaries : lesquals fins al punt non eren estades estampades; [Livre appelé Consulat de la mer, nouvellement imprimé et corrigé; contenant les chapitres et ordonnances du droit du général et du Roi, et autres choses nécessaires, jusqu'à présent inédites]. Edition *sans date*, annoncée au catalogue de M. Gaignat, n°. 804. — Le même, *Barcelone*, 14 juillet 1494, et diverses éditions des années postérieures, in-4°.

— Traduit en italien. *Venise*, 1544, et autres éditions in-4°; se trouve avec le commentaire de *Casaregis*, dans les œuvres de cet auteur, tom, 3.

— Traduit en espagnol, par Cayetan de Palleya. *Barcelone*, 1732. 1 vol. in-fol.

— Nouvelle traduction espagnole, par Capmani, avec l'original en regard, et diverses autres pièces sur le droit maritime. *Madrid*, 1792. 2 vol. in-4°.

— Traduit en hollandais, par Westerven, avec l'italien en regard. *Leyden*, 1704. 1 vol. in-4°.

— Traduit en allemand, par Engelbreght, dans l'ouvrage intitulé : *Corpus Juris nautici. Vid.* n°.

— Traduit en français, par Meyssoni. *Marseille*, 1577. 1 vol. in-fol. *Aix*, 1635. 1 vol. in-4°.

— Autre traduction, par Boucher. *Paris*, 1808. 2 vol. in-8°.

698. Biblioteca di Gius nautico, contenente le Leggi delle più culte nazioni, ed i migliori Trattati moderni sopra le materie maritime; [Bibliothèque du Droit maritime, contenant les Lois des Nations les plus civilisées, et les meilleurs Traités modernes sur cette matière]. *Fiorenza*, 1785. 2 vol. in-4°.

699. Recueil de pièces concernant l'Amirauté. *Paris*, 1759. in-12.

700. Recueil des lois françaises relatives à la marine et aux colonies, depuis 1789 jusqu'en 1812. *Paris*, 1797 à 1812. 18 vol. in-8°.

DEUXIÈME SUBDIVISION.

De la Souveraineté des Mers (*).

701. Azuni (D.-A.). Systema universale di principi del diritto dell'Europa. *Firenze*, 1795. 2 vol. in-8°.

(*) Des motifs, faciles à justifier, ont décidé à mettre dans cette division les ouvrages relatifs aux prétentions de quelques États sur certaines portions de mer.

— Traduit et publié par l'auteur, sous le titre de *Droit maritime de l'Europe.* Paris, 1805. 2 vol. in-8°.

702. BARRÈRE. La Liberté des Mers. *Paris*, 1798. 1 vol. in-8°.

703. BOECLER (Jo.-Henr.). Diss. de *Minâ* Cretentium Rege, secundùm profanos auctores primo maris domino. *Argent.*, 1669. in-4°.

704. BERGER (Jo.-Aug. de). Succinta Commentatio de imperio maris Adriatici. *Lipsiæ*, 1723. in-4°.

705. BOUROUGH (Jo.). Imperium maris Britanici ex monumentis historiis legibusque Angliæ demonstratum. *Londini*, 1686. in-fol.

706. BUNEAU (Henr.-Comitis de.). Diss. de jure imperatoris et imperii Romano - Germanici circà maria. *Lipsiæ*, 1784. in-4°.

707. BURG (Petri-Bapt.). De dominio Genuensis. reip. in mari Ligustico, libri duo. *Rom.*, 1641. in-4°.

708. BYNKERSHOECK (Corn.-Van.). Diss. de dominio maris. *Hag. Com.*, 1752. in-4°.

709. CONRINGIUS (Herm.). Diss. de dominio maris. *Helmst.*, 1676. in-4°.

710. CHAMPAGNE. La Mer libre et la Mer fermée. *Paris*, 1805. 1 vol. in-8°.

711. EPISCOPUS (Jo.). Diss. de Mari. *Lug.-Bat.*, 1652. in-4°.

712. FREITAS (Seraphin.). De justo imperio Lusi-

tanorum Asiatico , adversùs *Grotii* mare liberum. *Pinc.*, 1625. in 4°.

713. GOTHOFREDUS (Jo.). De imperio Maris. *Jenœ*, 1637. in-4°.

714. GOTHOFREDUS (Haloi). De Dominio sive imperio maris et jura naufragii colligendi. *Francof.*, 1669. in-4°.

715. GRASWINCKEL (Theod.). Vindiciæ maris liberi adversùs Petr. Bapt. Burgum et Guil. Welwod. *Hag. Com.*, 1652. in-4°.

716. GRAVER (Theod.). Diss. de mari , naturâ libero, pactis clauso. *Ultraj.*, 1728. in-4°.

717. GRONING (Jos.). De Navigatione liberâ. *Lubeck*, 1698. in-4°.

718. GROTIUS (Hug.). Mare liberum. *Lugd.-Bat.*, 1633, in-12, ubi accedant Pauli MERULÆ et Marci Zuerii BOXHORNII dissertationes. *Francof.*, 1669. in-8°.

719. HERCHE (Conrad). Mare liberum. *Lugd. Bat.*, 1647. in-4°.

720. HOGNOV (Joac.). Binæ diss. de imperio in mare. *Regiom.*, 1686. in-4°.

721. HOLSTS (Lud.). Versuch einer kritischen über der Völker-see Rechte; [Essai sur le Droit des gens maritime]. *Hamburg.*, 1802. in-8°.

722. HORIX (Jo.). De libertate navigationis in Imp. R. Germ. *Mog.*, 1764. in-4°.

723. INGENOIS (Francis. de). Epistola de jurisdic-

tione Venetæ reipub. in mare Adriaticum. *Genev.*,
1619. in-4°.

724. LAV (Car.-Frid.). Diss. de Jure Maris. *Lugd.-
Bat.*, 1685. in-4°.

725. LEICKHER (Georg.-Jac.). De dominio maritimo. *Dresde*, 1686. in-12.

726. LERCHE (Conrad). Mare liberum. *Lugd.-Bat.*,
1637. in-4°.

727. MALOUET. Considérations historiques sur l'empire de la mer, chez les Anciens et les modernes.
Anvers, 1810. 1 vol. in-8°.

728. MATHEACIUS (Angelus). De Jure Venetorum
et jurisdictione maris Adriatici. *Venet.*, 1617.
in-4°.

729. MEDOW (Phil.). Observations concerning the
domination and sovereignity of the sea; [Observations sur la domination et la souveraineté des
mers]. *Liverpool*, 1689. in-4°.

730. PALACIUS (Joan). Leo maritimus, seu de dominio maris libri duo. *Venet.*, 1663. 2 vol. in-12.

731. PATTYN (C.-P.). Diss. de mare libero. *Ratisb.*,
1726. in-4°.

732. PONTANUS (Jo.-Isaac). Discussionum historica-
rum de mari libero adversùs Jo. Seldeni mare clausum libri duo. *Harderov.*, 1637. in-8°.

733. ROETHENBECC (Georg.-Paul). Dissert. de questione, an mare dominii sive imperii sit capax.
Altdorf., 1699. in-4°.

734. SARPI (Paolo). Del dominio del mare Adriatico

della serenissima repùblica di Venizia ; [De la Souveraineté de la république de Venise sur la mer
Adriatique]. *Venizia*, 1686. in-8°.

735. SCHARF (Christoph.-Barthold). An mare sit in
dominio? *Jenæ*, 1747. in-4°.

736. SCHOOCK (Mart.). Imperium maritimum. *Amstelod.*, 1654. in-12.

737. SCHOTAN (Bern.). Diss. de jure maris seu navigiorum. *Lugd.-Bat.*, 1646. in-4°.

738. SCHURTZFLEISCH (Conr.-Sam.). Diss. de maris
servitute. *Vittemb.*, 1695. in-4°.

739. SELDEN (Jo.). Mare clausum, sive de dominio
maris, libri duo. Accedunt BOXHORNII apologia et
tractatus navigationis, etc. *Lugd.-Bat.*, 1636.
in-4°.

740. SELDEN (Jo.). Vindiciæ existimationum sive
descriptionis maris clausi, adversùs Pétr. Burgum.
Londini, 1653. in-4°.

741. SUETTER DE LŒZEN (Math.). De Jure navali
civitatis Lindegariæ in mare Suevico seu lacu Bodæmico. *Erlaug.*, 1764. in-4°.

742. SIBRAND (Joh.). De dominio maris. *Helmst.*,
1654. in-4°.

743. SIBRAND (Joh.). De velorum submissione. *Rostock*, 1691. in-4°.

744. STRAUCHIUS (Jo.). Diss. de imperio maris.
Brunsw., 1662. in-4°.

745. TOLZ (Char.-God.). La liberté de la Navigation
et du Commerce. *Lipsiæ*, 1772. 2 vol. in-8°.

746. Velwood (Guil.). De dominio maris juribusque, præcipuè ad doniinium spectantibus. *Hag.*, 1625. in-4°.

747. Wegelin (Jos.-Chris.). Dissert. de dominio maris Suevici vulgo lacu Bodæmiei. *Jenæ*, 1742. in-4°.

748. Willinberg (Sam.-Frid.). Exercit. de maris occupatione. *Gedani*, 1722. in-4°.

749. Variorum auctorum, scilicet, Julii Pacii, Hug. Grotii, Jac. Gothofredi et Martini Schoockii, dissertationes de dominio sive imperio maris, cum præfatione Joach. Hagemeier. *Francf. ad Mœn.*, 1669. in-12.

750. A general Treatise of the dominion of the sea, of the compleat of the sea law ; [Traité général sur la souveraineté des mers, et les Lois maritimes]. *London*, 1709. in-8°.

751. Anti-mare Balticum seu recapitulatio tractatus cui titulus mare Balticum scilicet an ad reges Daniæ, an ad reges Poloniæ pertineat. 1639. in-4°.

752. Gedancken ub. d. Herrsh d. see ; [Pensées sur la domination de la mer]. *Leypsig*, 1800. in-8°.

TROISIÈME SUBDIVISION.

Ouvrages généraux sur le Droit maritime.

753. Abbott (Cha.). Treatise of the law relative to merchant ships and seamen [Traité sur les lois relatives aux navires marchands et aux marins]. *Lon-*

don, 1808. in-8°. — Traduction de cet ouvrage en portugais. *Liverpool*, 1819. 1 vol. in-8°.

754. AMSEL (Jo.). De singularibus juris maritimi. *Regiom.*, 1722. in-4°.

755. BAYF (Lazar.). De re navali commentarius. *Basileæ*, 1537. in-12.

756. BOUCHER (P.-B.). Institutions au droit maritime. *Paris*, 1803. 1 vol. in-4°.

757. BOULAY-PATY (P.-S.). Cours de Droit commercial maritime, d'après les principes et suivant l'ordre du Code de Commerce. *Rennes*, 1821. 4 vol. in-8°.

758. CANCRIN (Fred.-Lud.). Abhandlung von der Seerechte ; [Traité du Droit maritime]. *Halæ*, 1800. in-8°.

759. COLBERG (Edm.). Diss. de Jure navigantium. *Gryph.*, 1693. in-4°.

760. CORINGIUS (Hermann). Diss. de maritimis commerciis. *Helmst.*, 1680. in-4°.

761. ENGELBRECHT (J.-A.). Der Wohinstruirte Schiffer; [Le Navigateur bien instruit]. *Lubeck*, 1792. in-8°.

762. FERRETUS (Jul.). De jure et re navali, et de rei navalis et belli aquatici præceptis. *Venet.*, 1759. in-8°.

763. GILDEMEISTER (J.-C.-F.). Diss. inaug. sit ne aliquod fuerit ve jus maritimum universale. *Gotting.* 1803. in-4°.

764. GYRALDUS (Lil.-Gregor.). De re nauticâ. *Basil.*, 1660. in-fol.

765. GLIAS (Taco Von). Zeerechten inhoudende dat oudtste en Hoogste Waterrecht, dat de gemeene Coplienden et Schippers hebben gemaakt in Wisbury met Anmerckingen; [Le très-ancien Droit maritime, et Commentaire sur les Lois de Wisby]. *Amsterdam,* 1710. in-4°.

766. GROULT. Discours sur le Droit maritime ancien et moderne. *Paris,* 1786. in-8°.

767. HEINECCIUS (Joseph-Gotl.). Fasciculus Scriptorum de Jure nautico et maritimo, cum præfatione. *Hallæ-Magd.,* 1740. in-4°.

768. LAPORTE (Sans-Fourche). Nouveau Valin, ou Commentaire sur le livre II du Code de Commerce. *Paris,* 1810. 1 vol. in-4°.

769. LOCCENIUS (Jo.). Libri tres de Jure maritimo et navali. *Holm.,* 1650. in-12.

770. MALAPERT (Abrah.). Disp. de re nauticâ. *Lugd.-Bat.,* 1663. in-4°.

771. MAXWELLS (J.-J.). Spirit of marine Laws; [Esprit des Lois maritimes]. *London,* 1808. 2 vol. in-8°.

772. MERVILLE. Commentaire sur l'ordonnance de 1681. *Paris,* 1756. 1 vol. in-4°.

773. MOLLENBEC (Bern.-Ludov.). Dissert. de mercaturâ nauticâ. *Giess.,* 1687. in-4°.

774. MOLLOY (Char.). De Jure maritimo et navali; or a treatise of maritimes affaires and commerce. *London,* 1769. 2 vol. in-8°.

775. PADILLA (Anton. de). Comm. in Titulos de re nauticâ. *Amstelod.,* 1668. in-8°.

I.

8

776. PESTEL (Frid.-Franc.-Luc.). Diss. inauguralis exhibens selecta capita Juris maritimi. *Lugd.*, 1786. in-4°.

777. PECKIUS (Petr.). In tit. Digestorum et Codicis ad rem nauticam pertinentes Commentarii ; cum notis Arnoldi VINNII. *Lugd.-Bat.*, 1668. in-8°.

778. STRACCHA (Ben.). Tractatus de nautis, navibus et navigatione. In collect. ejus. Tract. et aliorum. (*Vid*. n. 108.)

779. STRAUCHIUS (Aug.). Diss. de Jure singulari Commerciorum navalium. *Vittemb.*, 1652. in-4°.

780. STYPMANN (Joseph – Franc.). Jus maritimum. *Stralsundi*, 1661. in-4°.

781. TARGA (Carl.). Ponderazzioni sopra le contrattazioni maritime; [Considérations sur les Contrats maritimes]. *Livorno*, 1755. in-4°.

782. VALIN (R.-J.). Nouveau Commentaire sur l'ordonnance de la marine du mois d'août 1681. *La Rochelle*, 1760. 2 vol. in-4°.

783. WEDDERKOPP (Hen.). Introductio in Jus Nauticum. *Flensburgi*, 1757. in-4°.

784. ZOUCHC (Rich.). Descriptio Juris et Judicii maritimi. *Lugd.-Bat.*, 1652. in-12.

785. Nouveau Commentaire sur l'Ordonnance de la Marine de 1681. *Marseille*, 1780. 2 vol. in-12.

786. Les nobles Coutumes, Styles et Usances des marchands qui mettent à la mer, traitant des assurances, polices et avaries, et autres choses nécessaires à la navigation. *Rennes*, 1651. in-52.

QUATRIÈME SUBDIVISION.

Droit et police des rivages, bris et naufrages.

787. BARZELOTTI (Giaco). Polizza di sanita per evitare i contagi e distruggerli, conservare la vita, la salute delle Nazioni ; [Police de santé pour éviter et extirper la contagion, et préserver les Nations de ce fléau]. *Sienna*, 1806. in-8°.

788. BEEKESTEINRAKET (Corn.-Henr.-A.). Diss. de Jure circà res naufragas. *Lugd.-Bat.*, 1775. in-4°.

789. ECKOLLE (Ama.). De furto earum quæ rerum navis servandæ causâ ejiciuntur. *Lipsiæ*, 1665. in-4°.

790. EDZARD (Henri). De Naufragiis. *Basil.*, 1686. in-4°.

791. ENGELHARD (Geo.-Fred.). De Jure occupandi bona naufragorum. *Argent.*, 1762. in-4°.

792. EYNDHOVEN (Timo.-Ab.). Diss. de Naufragiis. *Traj. ad Rh.*, 1690. in-4°.

793. FONNE (Goth.). Utrum res aquis submersæ derelictis sint adscribendæ. *Lipsiæ*, 1689. in-4°.

794. GERDESIUS (Frid.). De Naufragio, Naufragorumque Jure. *Gryph.*, 1681. in-4°.

795. HAYKENS HAICO. Diss. de derelicto, in specie de navi in mare Glaciali rupta, a vectoribus abdicata et ab alio inventâ. *Franequerræ*, 1747. in-4°.

796. KEMPFFER (Joach.). De Jure appulsûs. *Jenæ*, 1680. in-4°.

797. LINCK (Jerem.-Eberh.). De Jure quod Gallis appellatur *Droit de Varech. Argent.*, 1729. in-4°.

798. MARCUS (Pet.). De bonis Naufragorum. *Lugd.-Bat.*, 1754. in-4°.

799. MELCHIOR (Jos.-Balth.). De Naufragiis et Juribus Naufragiorum. *Giess.*, 1701. in-4°.

800. PAUL (Theod.). De bonis Naufragorum. *Regiom.*, 1689. in-4°.

801. RANNUCIO DE VOLTERRE. De Jure Naufragii. 1778. iu-4°.

802. RIEMER (Jo.). Diss. de Naufragiis. *Lugd.-Bat.*, 1706. in-4°.

803. SCHELE (Joh.). De Jure Naufragii colligendi. *Argent.*, 1674. in-4°.

804. SCHLEENSTEIN (Gottfr.-Nicol.). Diss. de Compendio naufragiorum. *Vittemb.*, 1677. in-4°.

805. SCHUBACK. (Jacques). De Jure littoris, *Vom Strandrechte. Hamburg.*, 1751. in-4°.

806. STEIN (Josep.). De bonis naufragorum. *Regiom.*, 1689. in-4°.

807. STOOP (Ad.). Disp. de Jure littoris. *Traj. ad Rhen.*, 1735. in-4°.

808. WAGA (H.). Von der Unbilligkeit des Strandrechts; [De l'iniquité du Droit de Varech]. *Kœnigsb.*, 1744. in-8°.

809. Règlemens du bureau de santé de Marseille. *Marseille*, 1797 (an V). 1 vol. in-4°.

CINQUIÈME SUBDIVISION.

Des Navires.

810. BOECKELMANN (Jo.-Frid.). De Navi et Navigatione. *Heidelberg*, 1662. in-4°.

811. NORWICH. (Arn.). Dissert. de Societate naváli pacata, *Rhederey contrakt. Gotting.*, 1802. in-4°.

812. PEDDREZZANO (J.-Bap.). De Mercaturâ et Navibus. *Venet.*, 1599. in-4°.

813. STRYKIUS (Sam.). De Jure navium. *Francof.*, 1668. in-4°.

814. ZUARIUS (Rod.). De usu maris et navibus transvehendis. *Lugd.*, 1593. in-4°.

SIXIÈME SUBDIVISION.

Des Capitaines et autres gens de mer.

815. BARTH (Gothof.). Disputatio de magistro navis. *Lipsiæ*, 1694, in-4°.

816. FRICK (Alb.-Ph.). Dissert. inaug. de actione exercitoriâ. *Helm.*, 1793. in-4°.

817. GRONING (Albert.). Diss. de Nauta ægrotante, vulnerato aut mortuo. *Ultraj.*, 1731. in-4°.

818. KLUGEL (D.-Ern.-Got.-Chr.). De magistri navis perscrutandæ legitimatione officiali. *Lipsiæ*, 1802. in-4°.

819. LAWES (Edw.). Of charters parties and of affreigments bills, of lading; [Des chartes-parties, affrétemens et connoissemens]. *London*, 1 vol. in-8°.

820. MEYERSIECK (G. H.). De protestu maritimo. *Gotting.*, 1802. in-4°.

821. MULLER (Jo.). De actionibus rerum in navem

receptarum nomine competentibus. *Hafn.*, 1650. in-4°.

822. POTHIER (R.-J.). Des Contrats de louages maritimes : 1° contrat de charte-partie ; 2° louage des matelots et autres gens de mer. *Paris*, 1774. 1 vol. in-12.

823. RHEDEN (Casp.-A.). De facto illicito nautæ, quatenùs nocet dominis mercium. *Bremœ*, 1717. in-4°.

824. STRIKIUS (Samuel). De Collisione Navium. *Hal.*, 1708. in-4°.

825. TEMMINCK (Adrian.). Diss. de exercitoriâ actione. *Basil.*, 1663. in-4°.

826. VASMER (Franc.). De admiralitate. *Argent.*, 1674. in-4°.

SEPTIÈME SUBDIVISION.

Des Affrétemens, et contributions aux avaries communes.

827. ASCHEN (Henr.-Von.). Disp. de Lege Rhodiâ de jactu et ejus contributione. *Argent.*, 1664. in-4°.

828. BALDASSERONI (A.). Tract. dell' Avaria ; [Traité des Avaries]. *Firenze*, 1803. 1 vol. in-4°.

829. BALDUIN (Franc.). Commentarius ad Leg. Rhodiam, cum præfatione Nic. Hier. GUNDLINGII. *Hal.*, 1730. in-8°.

830. BERGER (Jos.-Henr.). Oratio de vero intellectu legis Rhodiæ de jactu. *Lipsiœ*, 1705. in-4°.

831. BERGH (Jo.-Van.-Den.). Ad Legem Rhodiam de jactu. *Lugd.-Bat.*, 1688. in-4°.

832. BEURDEN (M. C.| Van.) Disp. ad frag. Legis Rhod. de jactu. *Lugd.-Bat.*, 1770. in-4°.

833. BOEHMER (J.-H.). De discrimine tempestatis marinæ. *Hallæ*, 1709. in-4°.

834. BOSTEL (Lucæ-Andr.-Von.). Diss. de contributione propter jactum marinum, vulgò *avaria. Argent.*, 1735. in-4°.

835. BRAKEL (Wilhel.-Eliza-Van.). Disp. ad titulum Dig. de Lege Rhod. de jactu, cui accedunt quædam de avariis. *Lugd.-Bat.*, 1776. in-4°.

836. BRANDWICK (Gerard-A.). Diss. ad lege 9, Dig. de Lege Rhodiâ. *Lugd.-Bat.*, 1698. in-4°.

837. BRASKER (Jo.). Disp. ad Leg. Rhodiam de jactu. *Lugd.-Bat.*, 1693. in-4°.

838. BYEMONT (Jac.-Van.). Disput. ad leg. 6 Dig. de Lege Rhodiâ, de jactu. *Ultraj.* 1729. in-4°.

839. BYNKERSHOEK (Cornel. Van). De Lege Rhodiâ de jactu, liber singularis. *Hag.*, 1729. in-4°.

840. CRUSIUS (Jac.-And.). Comment. in Leg. Rhod., de jactu. *Mend.*, 1668. in-8°.

841. DEUTZ (Ant.). Disp. ad Leg. Rhod. *Harderov*, 1700. in-4°.

842. DWELAER (Petr.). Disp. ad Leg. Rhod. de jactu. *Traj. ad Rhen.*, 1690. in-4°.

843. L'ESTOCQ (Joan.-Lud.). De navibus rebusve ob discrimen tempestatis maritimæ pro derelicto habendis vel non habendis. *Regiom.*, 1744. in-4°.

844. FANNIUS (Pompeius). Diss. de Lege Rhodiâ de jactu. *Lugd.-Bat.*, 1675. in-4°.

845. FELTZ (Jo. - Henr.). Diss. excerpta controversiarum illustrium de Lege Rhodiâ de jactu, *Argent.*, 1715. in-4°.

846. GLOEGKNER (Georg.-Gisberti). Diss. de Jure avariæ. *Heidelb.*, 1677. in-4°.

847. HENCKE (Arnold.). Diss. de jactu, ad Legem Rhodiam. *Ultraj.*, 1669. in-4°.

848. HOOP (Hubert Van der). Diss. ad Leg. Rhod. *Lugd.-Bat.*, 1711. in-4°.

849. HOYER (Jo.-Henr.). De Avariâ. *Regiom.*, 1700. in-4°.

850. JACOBSEN (Theod.-Balth.). Diss. ad Legem Rhodiam de jactu. *Grœning*, 1729. in-4°.

851. KLOTZSCHSCHAD (Jo.-Frid.). Ad leg. 9. Dig. de Leg. Rhod. *Friburg*, 1753. in-4°.

852. KNUYT (Simon de). Ad Leg. Rhod. de jactu. *Handerov*, 1720. in-4°.

853. LATOUR (Franç.-Hug.). Diss. de Lege Rhodiâ de jactu. *Argent.*, 1766. in-4°.

854. LAUTERBACH (Wolfg.-Adam). De æquitate et extensione Legis Rhodiæ. *Tubing.*, 1671. in-4°.

855. LEEWEN (Simon von). Tract. von Avereyen mit einigen nöthigen Observationen, Ordinantien, Assecurantien and Avereyen Ordnungen etzlicher See Städt vermehret; [Traité des Avaries, suivi de quelques Observations réfléchies et des Ordonnances sur les assurances, avaries et généralement

toutes autres affaires maritimes]. *Lubeck*, 1672. in-8°.

856. LUBECK (Melchior). De jure avariæ singulari. *Regiom.*, 1718. in-12.

857. LYNCKER (Nic.-Chr.). Disput. de Lege Rhodiâ de jactu. *Jenæ*, 1679. in-4°.

858. LYNDEN (Sim.-Paul.-Vander). Disp. ad Leg. 9. Dig. de Leg. Rhod. de jactu. *Ultraj.*, 1732. in-4°.

859. MANZANO (Jo.-Ramos del). Ad Leg. Rhod. de jactu. *Mediol.*, 1659. in-4°.

860. MEEL (Thymon Van). Diss. de Lege Rhodiâ de jactu. *Ultraj.*, 1723. in-4°.

861. NOORDWYCK (Jo. Van). Diss. ad Leg. Rhod. *Ultraj.*, 1714. in-4°.

862. PLEVIER (Theod.-Jo.). Diss. inaug. ad Leg. Rhodiam de jactu. *Lugd.-Bat.*, 1784. in 4°.

863. POTHIER (R.-J.). De la Contribution aux Avaries. *Paris*, 1774. 1 vol. in-12.

864. RECXSTOOL (Dion.). Disp. ad Leg. Rhod. de jactu. *Lugd.-Bat.*, 1699. in-4°.

865. RICHTER (Christ.-Phil.). Disp. de avariâ. *Jenæ*, 1669. in-4°.

866. SANTHEWEL (Ant.-A.). Disp. ad Leg. Rhod. de jactu. *Lugd.-Bat.*, 1709. in-4°.

867. SCHELLING (Petr.-Van der). De Lege Rhodiâ de jactu. *Lugd.-Bat.*, 1722. in-8°.

868. SCHERTZ (Jo.-Georg.). De Lege Rhodiâ de jactu. *Argent.*, 1717. in-4°.

869. SCHRŒDER (Theodor). De avariâ, *Haverey. Rechts.*, 1676. in-4°.

870. SCHROETER (Ern.-Frid.). Explicatio l. 9 ad. Leg. Rhodiam de jactu. *Jenæ,* 1660. in-4°.

871. SCHULTZ (Jos.). De Contributione Jactus. *Bas.*, 1647. in-4°.

872. SLICHNER (Jo.). Disp. de Avariis. *Lugd.-Bat.*, 1716. in-4°.

873. STEPHANUS (Petr.). De Avariâ. *Gryph.*, 1659. in-4°.

874. STRAUCHIUS (Jo.). Ad l. 9. de Leg. Rhod. de jactu. *Jenæ*, 1673. in-4°.

875. STRIKLAND. Essay on particular average; [Essai sur les avaries particulières]. *London*, 1802. 1 vol. in-8°.

876. VICTOR (Joan-Lud.). Disp. ad Leg. Rhod. de jactu. *Lugd.-Bat.*, 1704. in-4°.

877. WEITZEN (Quint.). Tractatus de avariis. *Lugd.-Bat.*, 1617. in-4°. — Cum observationibus Simonis a LEWEN et Math. de VICQ. *Amstel.*, 1672. — Traduit en français. *Amsterdam*, 1703. in-12. — In novam methodum ad faciliorem usum CASAREGIS, accommodavit; in operib. ejus. *Vid.* n. 105.

878. WERNER (Georg.). Diss. de Contributione propter jactum. *Helmst.*, 1665. in-4°.

879. Een Tract. van Avarien; [Traité sur les Avaries]. *La Haye,* 1651. in-4°.

HUITIÈME SUBDIVISION.

Contrat d'Assurances.

880. AUNESLEY. Compendium of the Law of marine insurance; [Abrégé des Lois sur les Assurances maritimes.] *London*, 1808. in-8°.

881. BALDASSERONI (Ascan.). Collectione dei Leggi e costumi d'Europa del Assecurazione, etc. [Collection des Lois et Usages d'Europe sur les Assurances]. *Firenza*, 1804. 1 vol. in-4°.

882. BALDASSERONI (Ascan.). Tractato dell' Assecurazione maritime; [Traité des Assurances maritimes]. *Firenza*, 1801. 2 vol. in-4°.

883. BEER (Mart.-Den.). Diss. de Assecuratione. *Traj.*, 1729. in-4°.

884. BENECKE (Wilh.). System des Assecuranze und Bommery, etc. [Système des Assurances et Prêts à la grosse]. *Hamburg*, 1805. 4 vol. in-8°.

885. BOLLARD (Jan). Diss. de Assecuratione. *Lugd. Bat.*, 1749. in-4°.

886. BRANDES (Jo.-Mart.). Diss. de Assecuratione. *Rinter.*, 1664. in-4°.

887. BRANDMYLLER (Jac.). Diss. de Assecuratione. *Basil.*, 1671. in-4°.

888. BUCHOLZ (Carl.-Aug.). Abhanlung üb. einige der merkwürdigsten Gegenstände in der Lehre von Assecurazen u. Bodmereyen; [Dissertation sur les sujets les plus remarquables des Assurances et Prêts à la grosse]. *Lubeck*, 1809. in-8°.

– 889. Burns (J.-J.). Practical Treatise , or compendium of the Laws of marine Insurances; [Traité
pratique, ou Abrégé des Lois sur les Assurances
maritimes]. *London*, 1801. 1 vol. in-12.

890. Cocceius (Henr.). Diss. de Assecuratione.
Francf., 1693. in-4°.

891. Cronius (Jo.-Adolph.). De jure Assecuratio-
num. *Rost.*, 1725. in-4°.

892. Emerigon (Balth.-Mar.). Traité des Assurances
et des Contrats à la grosse. *Marseille*, 1782. 2 vol.
in-4°.

893. Dehn (Joach.). Commentatio juridica de Assecuratione maritimâ. *Gotting.*, 1788. in-4°.

894. Evans (Will.-Dav.). Essai on the Insurances;
[Essai sur les Assurances]. *Liverpool*, 1802. in-8°.

895. Gondela (Sim.-Henr.). De contractu Assecurationis. *Goëtting.*, 1788. in-4°.

896. Grollmann (Melch.-Dethmar). Diss. de jure
Assecurationis. *Giess.*, 1708. in-4°.

897. Kölle. (Henr.-Chret.). Prædes periculi maritimi apud Romanos. *Hal.*, 1795. in-4°.

898. Kuricke (Reinold.). De Assecurationibus.
Hamb., 1667, 1740. in-4°.

899. Lederer (Mich.-Frid.). Diss. de jure Assecu-
rationum. *Vittemb.*, 1667. in-4°.

900. Magens (Mich.). Essay on Insurances Explai-
ning the nature of the various kinds of Insurances
practised by the different commercial States of Europe; [Essai sur les Assurances, ou Explication

des différentes espèces d'Assurances en usage dans les divers Etats de l'Europe]. *London*, 1755. 2 vol. in-4°.

901. MARSHALLS (Sam.). Treatise on the law of Insurance; [Traité sur la loi des Assurances]. *London*, 1808. 2 vol. in-8°.

902. MEYER (Mathæus). Diss. de Assecurationibus Mercatorum. *Bremœ*, 1739. in-4°.

903. MILLAR (John.). Elements of the law relating to Insurances; [Élémens des lois, concernant les Assurances]. *London*, 1787. in-8°.

904. OCHS (Jo.-Chr.). Diss. de contractu Assecurationis. *Lugd.-Bat.*, 1699. in-4°.

905. OTTO (Fred.-Herm.). Obs. jurid. de contractu Assecurationis. *Goëtting*, 1788.

906. PARK (James-Allan.). Sisteme of the Laws of marine Insurances; [Système des Lois sur les Assurances maritimes]. *London*, 1802. in-8°.

907. PARKER (Tho.). Law of Schipping and Insurances; [Lois sur l'embarcation et sur les Assurances]. *London*, 1775.

908. POPPE (Franc.-Mich.). De litium Assecurationis causâ orientium decisione. *Gotting.*, 1752. in-4°.

909. POTHIER (R.-J.). Traité des Contrats aléatoires; [Assurance et Prêt à la grosse]. *Paris*, 1777. 1 vol. in-12. — Le Contrat d'Assurance, avec notes d'ESTRANGIN. *Marseille*, 1810. 1 vol. in-8°.

910. RUTLAN (Rütg.). Erledigung einer schweren Frage in Assecurations Sachen; [Essai sur une

question difficile en matière d'Assurance]. *Hamb.*, 1630. in-8°.

911. GAHRTZ (G.-N.-G.). Abhandlung üb. d. Frage : ob, von wem und wie, bey einer See-Versicherung im enstehenden Schadensfalle, der Beweis des Interesse zu führen sey, und insbesondere dann wenn « *auf glückliche Ankunft eines Schiffes* » gezeichnet worden ist ? [Dissertation sur la question de savoir comment et par qui la preuve d'un intérêt à la chose assurée doit être faite, particulièrement au cas *d'heureuse arrivée*]. *Lubec*, 1818. in-8°.

912. SANTERNA (Petr.). De Assecurationibus et sponsionibus Mercatorum. *Coloniæ-Agrip.*, 1598. iu-4°.

913. SCHAFFSHAUSEN (Nic.). De Assecurationibus. *Hamburg.*, 1638. in-4°.

914. SCHRAGIUS (Jo.-Ad.). De jure Assecurationis, *Argent.*, 1642. in-4°.

915. SCHWENDENDOERFFER (Barth.-Leonh.). Diss. de Assecuratione. *Lipsiæ*, 1668. in-4°.

916. SIEVEKING (J.-P.). Diss. inaug. de Assecuratione maritimâ nomine alterius contractâ adumbratio. *Gotting.*, 1790. in-8°. — Le même ouvrage traduit en allemand. *Gotting.*, 1791. in-4°.

917. STEVENS (Robert). On Essay on Average and on others subjects of marine Insurance ; [Essai sur les Avaries et autres objets d'Assurances maritimes]. *London*, 1817. in-8°.

918. STRACCHA (Benevent). De Assecurationibus et Sponsionibus. In ejus Tract. collectio. *Vid.* n. 108. — Cum notis STEPHANI. *Gryph.*, 1616.

919. TEXTOR (Jo.-Wolffg.). Diss. de Assecurationis contractu. *Argent.*, 1674. in-4°.

920. THURMANN. (Gasp.). Appendix de Assecurationibus, Avariis et Bodemeriis. *Lipsiæ*, 1712. in-4°.

921. VEGESACK (Conr.). Diss. de Assecuratione. *Lugd.-Bat.*, 1704. in-4°.

922. WESKETT (John). Complete Digest. of the theory, laws and pratice of Insurance; [Collection complète de la théorie, lois et usages relatifs aux Assurances]. *London*, 1701. in-fol. — Traduit en allemand par J. ENGELBRECHT. *Lubeck*, 1791. 3 vol. in-8°.

923. WERLHOFF (Jo.). De instrumento Assecurationis vulgò *polizza*, in quâ editione accesserunt instrumenta assecurationis Germanica. *Lipsiæ*, 1736. in-4°.

924. WIELLING (Abr.). Dissertatio de Assecurationibus. *Lugd.-Bat.*, 1727. in-4°.

925. Règlement général pour la Chambre d'Assurance, du 4 décembre 1631. *Paris*, 1672. in-4°.

926. Das Recht der Assecuranzen und Bodmereyen systematisch Abgehandelt und mit einer Sammlung der neversten zu diesen Materien und denen Havareyen gehoerigen verordnungen; [Essai systématique sur les Assurances et le Contrat à la grosse, suivi d'une Collection de Lois nouvelles spéciales à ces matières et aux Avaries]. *Kœnisb.*, 1771. in-4°.

NEUVIÈME SUBDIVISION.

Contrat à la grosse.

927. ASSER (Car.). Dissert. de Jure, quod est civi in bello mediæ, cui pro pecuniâ trajectitia navis hypothecæ obligatæ in ipsam navem quæ in itinere, cujus causà contractus est initus ab hoste capiatur. *Amstel.*, 1799. in-8°.

928. BALDASSERONI (A.). Trattato del Cambio ma ritimo; [Traité du Change maritime]. *Firenza*, 1802. 1 vol. in-4°.

929. BODIN (Henr.). Diss. de Bodemeriâ. *Hal.*, 1697. in-4°.

930. BONNEAU (Seb. - Fr.). De Fœnore nautico. *Argent.*, 1715. in-4°.

931. BORCHOLT (Jo.). De nautico Fœnore. *Helmst.*, 1704. in-4°.

932. COCCEIUS (Henri). Dissert. de Bodemeriâ. *Heidelberg*, 1683. in-4°.

933. EULHARDT. De Credito navali. *Gotting.*, 1809. in-4°.

934. FELTZ (Jo.-Henr.). De Fœnore nautico. *Argent.*, 1701. in-4°.

935. LINCKER (Nicol.-Chret.). Resolut. de Bodemeriâ, sive Fœnore nautico. *Jenæ*, 1679. in-4°.

936. LUDWEL (Guill.). De usuris, fructibus, morâ et Fœnore nautico. *Bresl.*, 1680. in-4°.

937. MEEL (J. Hub. Van.). Disp. de Fœnore nautico. *Lugd.-Bat.*, 1718. in-4°.

938. Pottere (Jac. de). Diss. de nautico fœnore.
Basil., 1665. in-4°.

939. Zinzerling (Just.). Opinationes variorum de
vero intellectu, leg. 5, de nautico fœnore. *Lugd.*,
1614. in-4°.

DIXIÈME SUBDIVISION.

Prises maritimes.

940. Abreu (d'). Tratado politico sobre los Presos
marit.; [Traité politique sur les Prises maritimes].
Cadiz, 1746. in-4°.—Traduit en français par Poncet
de La Grave; 2ᵉ édition, augmentée de notes, par
M. Bonnement. *Paris*, 1802. 2 vol. in-12.

941. Azuni (D.-A.). Recherches pour servir à
l'Histoire de la Piraterie, avec un précis des moyens
propres à l'extirpation des pirates barbaresques.
Génes, 1816. in-8°.

942. Barrère (Bertrand). La Liberté des Mers.
Paris, 1798. in-8°.

943. Bechmann (Jo.-Volckm.). Dis. de Belli commerciis. *Jenæ*, 1687. in-4°.

944. Beckhoff (Walther). Differentia Juris naturæ
et gentium in libertate navigationis commerciorum
causâ institutæ. *Lipsiæ*, 1748. in-4°.

945. Behmer (Jo.-Ehrenr.). Observations du Droit
de la nature et des gens, touchant la capture et la
détention des vaisseaux et effets neutres, en temps
de guerre. *Hambourg*, 1771. in-8°.

I.   *h*

946. DE BONDE (Canut.-Hénr.-Lib.). De libero commercio nationum belli haud sociarum. *Lipsiæ*, 1802. in-4°.

947. CROKE (Alex.). Remarks on M. Schlegel's work upon the visitation of neutral vessels under convoy; [Remarques sur l'ouvrage de M. Schlegel, relatif à la visite des vaisseaux neutres sous escortes]. *London*, 1801. in-8°.

948. CRUSIUS (Jacq.-Hen.). De eo quod justum est circà captivorum redemptionem. *Jenœ*, 1690. in-4°.

949. DUFRICHE - FOULAINES (F. - N.). Code des Prises maritimes et du Commerce. *Paris*, an 13-1804. 2 vol. in-4°.

950. GAGLIANI (Franc.). Dei Doveri dei Principi neutrali verso i Principi che sono aggiunti, e di questi verso i Principi neutrali; [Des Devoirs des Princes neutres à l'égard des Puissances coalisées, et de celles-ci envers les Puissances neutres]. *Napoli*, 1782. 1 vol. in-8°.

951. GENTILIS (Alberic.). Quæstiones maritimæ secundum Jus gentium. *Amstelod.*; 1561. in-12.

952. GEORGIUS. Versusch e. Darstellung des Lizenzgesch. eine Bittschrift an die zum Wohl Europa's Verbündeten Monarchen um abstell. der Seekaperey; [Essai historique sur les Licences, suivi d'une Pétition aux Monarques réunis pour le bonheur du monde, à l'effet d'arrêter les résultats de la piraterie]. *Jenœ*, 1814. in-8°.

953. GROULT. Indication des ouvrages et pièces de

législation relatifs à la saisie des bâtimens neutres. *Paris*, 1780. in-8°.

954. GUICHARD. Code des Prises maritimes et Armemens en course. *Paris*, 2 vol. in-12.

955. HANKER (H.). Die Rechte und Freyheiten des handels der Wölker nach dem Volkerrecht und nachder Moral; [Les Droits et Libertés des Nations commerçantes, d'après les principes du droit des gens et de la morale]. *Hamburg*, 1782. in-8°.

956. HEINECCIUS (Jo.-Gottlieb.). De Navibus ob vecturam mercium vetitarum commissis. *Halœ*, 1721. in-4°. — Traduit en hollandais, par P. SCEPER. *Amsterdam*, 1757. in-8°.

957. HUBNER. De la saisie des bâtimens neutres. *La Haye*, 1759. 2 vol. in-12.

958. JACOBSEN (F.-J.). Handbuch über das praktische Seerecht der Engländer und Franzosen in Hinsicht auf das von ihnen in Kriegszeiten angehaltene neutrale Eigenthum ; [Manuel du Droit maritime pratiqué par les Anglais et les Français, relativement aux biens des puissances neutres arrêtés par eux en temps de guerre]. *Hamburg,* 1805. in-8°.

959. KEMMERICH [(Dictre.-Herm.). Progr. de libertate commerciorum tempore belli restrictâ. *Jenœ*, 1775. in-4°.

960. LAMPREDI (Giov.-M.). Del Commercio dei Popoli neutrali in tempo di guerra; [Du Commerce des Neutres en temps de guerre]. *Firenza*,

1788. 2 vol. in-8°. — Traduit en français, par M. PEUCHET. *Paris*, 1802. 1 vol. in-8°.

961. LEES (Rich.). Treatises of Captures in war; [Traité sur les Prises pendant la guerre]. *London*, 1803. in-8°.

962. MARTENS (Gott.-Fred. de). Essai concernant les armateurs, les prises et les reprises. *Gotting.*, 1795. in-8°. — Publié en allemand, sous le titre: Versuch über Caper, feindl. Nehmungen und Wiedernehmung nach den Gesetzen, Vertrr. u. Gebrr. der Europaïschen Seemächte. *Gott.*, 1795. in-8°. — Trad. en anglais par Th. HORN, sous le titre : Compendium of the Law of Nations; [Abrégé de la Loi des Nations]. *London*, 1802. in-8°.

963. MOLL (Cornel.). Diss. de Jure Piratarum. *Traj. ad Rhen.*, 1737. in-4°.

964. MUMSSEN (Jo.). De Navibus Populorum belli tempore mediorum haud capiendis. *Lipsiæ*, 1799. in-4°.

965. NAUS (B.-S.). Grundriss der Wolker See Rechts; [Exposé du Droit des gens maritime]. *Hamburg.*, 1802. in-8°.

966. PLOOS VAN AMSTEL (Alb.). De Jure Commercii quod gentibus in bello mediis competit. *Lugd.-Bat.*, 1759. in-4°.

967. SCHLEGEL (J.-F.-W.). Sur la visite des vaisseaux neutres sous convoi. *Copenhague*, 1800. in-8°.

968. SNELLUS (Willeb.) Typhus Batavus, seu de Navium cursibus et re navali. *Leidæ*, 1624. in-4°.

969. Steck (J.-W.-V.). Uber Handels. und Schif-
fharts Verträge ; [Sur les Conventions concernant
le commerce et la navigation]. *Hal.*, 1782. in-8°.

970. Stypman (J.). De Prædâ bellicâ. *Sed.*, 1640.
in-4°.

971. Surland (Jo.-Jul.). De Jure Commerciorum in bello. *Gotting.*, 1748. in-4°.

972. Surland (Jo.-Jul.). Diss. de Litteris maritimis. *Groening.*, 1715. in-4°·

973. Surland (Jo.-Jul.). Grundsâtze des Europaïschen Seerechts [Principes du Droit maritime
de l'Europe]. *Hanov.*, 1750. in-8°.

974. Tetens (Jean-Nic.). Considérations sur les
Droits réciproques des Nations belligérantes et des
Puissances neutres sur mer. *Copenhague*, 1805.
1 vol. in-8°.

975. Valin (R.-J.). Traité des Prises maritimes.
Paris, 1763. 2 vol. in-8°.

976. Wards (Rob.). Enquiry into the foundations
and history of the law of nations in Europe ; [Re-
cherches sur les principes et l'histoire du droit des
nations en Europe]. *London*, 1795. 2 vol. in-8°.

977. Wards (Rob.). Treatise of the relative Rights
and duties of belligerant and neutral powers in maritime affairs ; [Traité sur les droits et les devoirs
respectifs des Puissances belligérantes et neutres,
dans les affaires maritimes]. *London*, 1801. in-8°.

978. Warus (Chr.-Lud. de). Orat. de jure Commerciorum in bello. *Jenæ*, 1757. in-4°.

979. WESTPHAL (Andr.). De Commerciis paca-
torum ad belligerantes. *Gryph.*, 1715. in-4°.

980. WILLENBERG (Sam. - Frid.). Tractatus de
eo quod justum est circà excursiones maritimas.
Gedani, 1736. in-8°.

981. ZENTGRAV (Jo.-Zach.). Diss. de Jure Commerciorum tertii inter belligerantes. *Arg.*, 1690.
in-4].

982. Code des Prises, ou Recueil des édits, déclarations, lettres-patentes, etc., sur la course et l'administration des prises, depuis 1400 jusqu'en 1789.
Paris, 1799 (an 7). 4 vol. in-8°,

983. De Neutralitate inter Gentes liberas. *Jenœ*,
1747. in-4°.

984. Essai sur un Code général pour la conservation
de la liberté des négociations et du commerce des
nations neutres, en temps de guerre, etc. *Leipsick*,
1782. in-8°.

985. A Treatise of the relative rights and duties of
belligerant and neutral Powers in maritime affairs,
in wich the opinions of Hubner and Schlegel are
fully diluscided; [Traité sur les droits et les obligations respectives des Puissances belligérantes et
neutres, concernant les affaires maritimes, dans
lequel les opinions de Hubner et de Schleger sont
attentivement examinées]. *London*, 1801. in-8°.

SIXIEME DIVISION.

OUVRAGES QUI TRAITENT DES SOCIÉTÉS COMMERCIALES.

986. AYRER (Ge.-Henr.). Disp. de Societate mariti et uxoris mercatoriâ. *Gotting.*, 1773. in-4°.

987. BACHOF AB ECHT (Josep. Fred.). De eo quod justum est circà commercia præcipuè de origine et justitiâ societatum majorum. *Jenæ*, 1730. in-4°.

988. BREUNING (Chr.-Henr.). An uxor mariti fiat socia, illatâ dote quæ in communibus societatis bonis extat in societate mercatoriâ. *Lipsiæ*, 1771. in-4°..

989. CRAMER (Jh.-Ulric). De partibus æqualibus in lucro et damno sociorum spectandis. *Marb.*, 1735. in-4°.

990. ENGAU (Jos.-Rud.). De Societate mercatoriâ. *Jenæ*, 1767. in-4°.

991. ESTOR (Jo.-Georg.). De Societate leoninâ. *Jenæ*, 1738. in-4°.

992. FELICIUS (Hect.). Tractatus de Communione seu Societate. *Gorichem.*, 1666. in-4°.

993. FIERLI (Gregorio). Della Societa chiamata *Accomandita*; [De la Société appelée *Commandite*]. *Firenza*, 1803. 2 vol. in-8°.

994. GRENIER (Aug.-Franç.-Sigis.). De Solutione

nominum Societatis excommuni præ aliis socii obærati debitis. *Lipsiæ*, 1769. in-4°.

995. HERTIUS (Joach. - Nic.). De Societate facto
constitutâ. *Giess.*, 1695. in-4°.

996. LAUTERBACH (Wolf.-Ad.). De obligatione sociorum quæ oritur ex conventione cum extraneis
initâ. *Tubing.*, 1668. in-4°.

997. OELZE (Goetl.-Euse.). Prog. quatenùs Socii
ob debitum sociale in solidum teneantur. *Helmst.*,
1731. in-4°.

998. PAUL (Carol.-Frid.). Diss. de jure belli societatis mercatoriæ majoris privilegiatæ *von einer
octroyrten Handels-Compagnie. Hal.*,1751. in-4°.

999. POTHIER (R.-J.). Traité du Contrat de Société. *Paris*, 1774. 1 vol. in-12.

1000. SCHLÔZER (Chret.). De Jure suffragii in Societate æquali. *Gotting.*, 1795. in-4°.

1001. SCHMIDT (G.-F.). De origine et juribus societatis metallicæ, *Gewerkschaft. Lipsiæ*, 1778. in-4°.

1002. SCHMIDT (Theodore-Goth.). De Jure Socii
adversùs Socium à quo delictum commissum est.
Vittemb., 1796. in-4°.

1003. SIEGEL (Jo.-Gottl.). Dissert. de creditoribus
societatis privatis socii creditoribus non præferendi.
Lipsiæ, 1725. in-4°.

1004. STENGLIN (O. Chret.). Uber gemeinnützige
Gesselschafften und deren Rechte a. d. Staate,
[Sur les Sociétés utiles au Public, et sur leurs droits
à l'égard de l'Etat]. *Erfurd*, 1810. in-8°.

1005. STRYKIUS (Samuel). De diversis Sociorum pactis. *Halœ*, 1708. in-4°.

1006. TELLER (Rom.). De divisione lucri et damni inter socios. *Lipsiœ*, 1684. in-4°.

1007. WATSON (Willm.). Treatise on the Law of Partenerships ; [Traité sur les Lois des Sociétés]. *London*, 1807. in-8°.

1008. ULLMANN (Jos.-Dan.). De dissolvendâ unius renuntiatione societate. *Argent.*, 1742. in-8°.

SEPTIEME DIVISION.

OUVRAGES QUI TRAITENT DES FAILLITES ET BANQUEROUTES.

PREMIÈRE SUBDIVISION.

Des Faillites en général.

1009. BOUNYN. Traité sur les Cessions et Banqueroutes. *Paris*, 1586. in-8°.

1010. CACCIALUPI (J.-B.). De debitore suspecto et fugitivo. In collect. Tract. de Mercaturâ. (*Vid.* n. 108.)

1011. CASAREGIS (J.-L.-M.). Il Cambisto instruito per ogni caso di Fallimento ; [Le Banquier instruit dans les matières de Faillite]. In operum ejus collect., t. 3. (*Vid.* n. 105.)

1012. ENZLIN (Math.). De decoctoribus fallitis et bancoruptoribus. *Heidelb.*, 1582. in-4°.

1013. FINCKLER (With.). De Bancoruptoribus *Altdorf*, 1654. in-4°.

1014. FOMANN (Ortolph.). Dis. de Decoctoribus seu debitoribus non solvendo factis. *Jenœ*, 1620. in-4°.

1015. FOURNEL (J.-F.). Formules des actes et opérations relatives aux faillites, cessions et réhabilitations, conformément au Code de Commerce. *Paris*, 1808. in-8°.

1016. GERDES (Frid.). Tract. de Decoctoribus et adversùs hos cautionibus et pœnis. *Gryph.*, 1668. in-4°.

1017. GMELIN (Chro.-Golt.). Lehre von Materialien concurs in ihrem zuzammenhange ; [La connoissance des matières de Faillite dans leur ensemble]. *Erlang*, 1775. in-8°.

1018. HAHN (Henr.). Dissert. de Decoctoribus. *Helmst.*, 1659. in-4°.

1019. HARPPRECHT (Jo.). Diss. de beneficiis tam creditorum quam debitorum. *Tubing.*, 1599. in-4°.

1020. HASCHE (Theod.). De Legibus in favorem commercii latis præsertim in concursu creditorum. *Gotting.*, 1792. in-4°.

1021. LAURENS. Traité des Faillites. *Paris*, 1806. 1 vol. in-8°.

1022. LAVAUX. Traité des Faillites. *Paris*, 1813. 1 vol. in-12.

1023. OVERBACH (Jo.-Georg.). Mercator fallitus. *Lipsiæ*, 1685. in-12.

1024. PICHLEMAYER (Jos.-Nepom.). Verzüge des Französischen Gezetze ub. Falliment und Banquerout. ; [Avantages de la loi française sur les Faillites et Banqueroutes]. *Munich*, 1811. in-8°.

1025. PONCELIN. Conférences sur les Edits et Déclarations concernant les Faillites, ou Code des Banqueroutiers, etc. *Paris*, 1781. in-12.

1026. PUTTMANN (Jos.-Lud.-Ern.). Progr. de numero decoctorum prudentiâ legislatoriâ minuendo, seu de remediis nonnullis contrà frequentiam bonorum cessionum et concursus creditorum. *Lipsiæ*, 1784. in-4°.

1027. SEIP (Ant.-Lud.). Diss. de odio debitorum, creditorum vindictâ et concursu imminente. *Goetting.*, 1752. in-4°.

1028. STRACCHA (Benevent). Tr. de decoctoribus et conturbatoribus. In collect. Tract. ejus. (*Vid.* n. 108.)

1029. VERI (Just.). Discours von Verdorbenen kaüfleuten Bancorottirern und Falliten ; [Discours relatif aux banqueroutes et faillites des commerçans]. *Leipsick*, 1669. in-8°.

DEUXIÈME SUBDIVISION.

Des Lettres de répit et surséance.

1030. Beckmann (Luc.). De præscriptionibus moratoriis. *Vittemb.*, 1622. in-4°.

1031. Bohemer (Just.-Henning.). Tractatio juridica de litteris respiratoriis earum validitate et invaliditate. *Hal.*, 1754. in-4°.

1032. Busch (Gottfr.). De exceptione moratoriâ. *Erfurt*, 1703. in-4°.

1033. Chladen (M.). De Rescriptis moratoriis cursum usurarum non sistentibus. *Vittemb.*, 1757. in-4°.

1034. Cregel (Ern.). De rescriptis Moratoriis. *Altdorff.*, 1658. in-4°.

1035. Schamroth (J.-D.). Dissert. de Moratoriâ. *Basil.*, 1670. in-4°.

1036. Schône (Herm.). De induciis Moratoriis. *Argent.*, 1751. in-4°.

1037. Schwendendoerfer (B.-Léo.). De induciis sive rescriptis moratoriis. *Lipsiæ*, 1669. in-4°.

1038. Straus (Godof.). Controversæ forenses circà litteras moratorias. *Vittemb.*, 1683. in-4°.

1039. Strykius (Sam.). De abusu rescriptorum moratoriorum. *Hal. Magd.*, 1694. in-4°.

1040. Wagenseil. De Litteris moratoriis. *Altdorff.*, 1695. in-4°.

TROISIÈME SUBDIVISION.

Des Faillites simples.

SECTION PREMIÈRE.

Déclaration et ouverture de la Faillite.

1041. BANNIZA (Jo.-Petr.). Progr. de foro competente concursus creditorum. *Vircerb.*, 1747. in-4°.

1042. BARDILE (Burckh). Diss. de judicio concursus
universali. *Tubing.*, 1677. in-4°.

1043. BAVER (Jo.-Godofr.). Diss. de concursu creditorum, quatenùs debitorem communém representet, vel non. *Lipsiœ*, 1754. in-4°.

1044. BEYER (Jos. de). Diss. de concursu creditorum.
Basil., 1687. in-4°.

1045. BURGMANN (Jo.-Henr.). Diss. de exordio concursûs creditorum. *Gotting.*, 1773. in-4°.

1046. EYSSON (Pierre). Disp. de concursu creditorum. *Groening.*, 1715. in-4°.

1047. GERBER (Jo.-Jac.). De concursu creditorum.
Argent., 1729. in-4°.

1048. GEZSCHOU (Frid.). Dissert. de concursu creditorum. *Gryph.*, 1632. in-4°.

1049. HUNOLD (Hug.-Fr.). Progr. de missione in
bona debitoris. *Erfod.*, 1721. in-4°.

1050. MOHR (Theod.). De concursu creditorum.
Helmst., 1690. in-4°.

1051. Speiermann (Justus). De concursu creditorum. *Argent.*, 1678. in-4°.

1052. Stein (Chr. Wolh.). Comment. in quest. num
creditores, moto concursu, in omnia jura debitoris
succedant. *Rostoch.*, 1781. in-4°.

1053. Wieland (G.-H.). Program. de concursu
creditorum debitoris communis vicem sustinente.
Wittemb., 1775. in-4.

Section II.

Vérification des Créances.

1054. Harpprecht (Christ.-Ferd.). Diss. de liqui-
datione in concursu creditorum per confessionem
debitoris. *Tubing.*, 1753. in-4°.

1055. Hellendorf (Ferd.-Henr. de). De debitoris
obligatione in concursu adimplendâ. *Lipsiæ*, 1785.
in-4°.

1056. Zoller (Frid.-Gottl.). Progr. de quæstione
utrùm, existente concursu creditorum, creditores
locationem a debitore factam servare teneantur.
Lipsiæ, 1757. in-4°.

Section III.

Révocation d'actes du Failli.

1057. Baleke (J.-H.). Disput. sistens quasdam assertiones circa revocationem creditorumn ad demons-
trandam bonorum sufficientiam. *Rostoch.*, 1752.
in-4°.

1058. Baver (Henric.-Gothof.). Programma 1 et 2
de actione Paulianâ. *Lipsiæ*, 1782. in-4°.

1059. Becmann (Gust.-Bern.). Dissert. de debitore

obærato in præjudicium creditorum non acquirente. *Gott.*, 1774. in-4°.

1060. BREUNING (Chret.-Henr.). Dissert. ad actionem Paulianam. *Lipsiæ*, 1772. in-4°.

1061. BUININK (Guis.-Chre.-Ham.). Diss. de actione Pauliana. *Harderov.* 1688. in-4°.

1062. BUTTINGHA (P.-J.). De actione Paulianâ. *Lug.-Bat.*, 1721. in-4°.

1063. CARPZOU (Aug.-Ben.). De revocandis his quæ in fraudem creditorúm alienantur. *Lipsiæ*, 1672. in-4°.

1064. FRICK (Alb.-Phil.). De revocandis tam rebus alienatis , quàm nummis solutis imminente aut moto concursûs judicio. *Helmst.*, 1777. in-4°.

1065. FRIES (Fried.). Diss. de præjudicis debitoris ex scientiâ cessionis. *Lipsiæ*, 1699. in-4°.

1066. GLUECK (Chrét.-Fréd. von Sallentin). Dissert. de debitore obærato hereditatem sibi delatam aut legatum relictum bonis ejus a creditoribus possessis omittente. *Erlang.*, 1804. in-8°.

1067. HAENLEIN (Conrad.-Sig.-Car.). Disquisitio de actionis Pauliana naturâ, requisitis et usu forensi. *Onold.*, 1785. in-4°.

1068. ITTIG (Car.-Gothof.). De intermissione acquisitionis in præjudicium tertii. *Lipsiæ*, 1709. in-4°.

1069. KNEUSEL (Christ.-Frid.). De actione Paulianâ. *Giessæ*, 1732. in-4°.

1070. KNOOP (Henr.). Disput. de actione Paulianâ. *Lugd. bat.* 1716, in-4°.

1071. Kugler (Jos.-Rein.). Diss. de actione pauliânâ. *Argent.*, 1762. in-4°.

1072. Künhold (Fred.-Alex.). De repudiatione hæreditatis à debitore, moto concursu creditorum, factâ. *Lipsiæ*, 1724. in-4°.

1073. Leyser (Aug.). Diss. de gestis per debitorem obœratum tàm ratis quàm irritis. *Vittemb.*, 1731. in-4°.

1074. Lyncker (Nic.). De actione Pauliânâ. *Jenæ*, 1675. in-4°.

1075. Meister (Joh.-Chrn.-Frid.). Ub. Entsagung eines Verschuldeten auf Erbschaften ; [Sur la renonciation à une succession, faite par un failli]. *Zuillich*, 1811. in-8°.

1076. Mencken (Got.-Frid.). De actione Pauliânâ diss. *Lipsiæ*, 1747. in-4°.

1077. Muller (Jo.-Thadd.). Dissert. de actione Pauliânâ personali ejusque usu forensi. *Heidelb.*, 1767. in-4°.

1078. Nettelbladt (Henr.). Dissert. de Paulianæ actionis vero fundamento, objecto et ejus duratione. *Rost.*, 1739. in-4°.

1079. Oelze (Gottl.-Euseb.). Disp. de creditore sibi vigilante. *Jenæ*, 1770. in-4°.

1080. Parker (Jos.). Disputat. de actione Pauliânâ. *Lugd.-Bat.*, 1718. in-4°.

1081. Poack (Henr.). De actione Pauliânâ. *Lugd.-Bat.*, 1650. in-4°.

1082. RAABE (Jos.-Just.). Dissert. de duplici actione Paulianâ. *Marb.*, 1753. in-4°.

1083. RUEPPRECHT (J.-Th.). Circà revocatiònem alienationis in fraudem creditorum factæ. *Basil.*, 1681. in-4°.

1084. SCHERZ (Jo.-Georg.). De actione Paulianâ. *Argent.*, 1740. in-4°.

1085. SCHROETER (Ern.-Fred.). De actione Pauliana. *Jenæ*, 1674. in-4°.

1086. SCHULZ (Joh.-Glieb.). Dissert. de hereditatis delatæ repudiatione ac speciatim a debitore in fraudem creditoris factâ. *Traj. ad Viad.*, 1791. in-8°.

1087. SLICHER (Ant.). De actione Paulianâ. *Lugd.-Bat.*, 1675. in-4°.

1088. SORBER (Jac.-Jo.). Vigilantibus jura sunt scripta. *Marb.*, 1757. in-4°.

1089. STRUBEN (Georg.-Adam). Dissert. de actione Paulianâ. *Jenæ*, 1675. in-4°.

1090. STRUVE (Georg.-Ad.). Dissert. de actione Paulianâ. *Jenæ*, 1677. in-4°.

1091. VERSPIICK (Arent.). De revocandis his quæ in fraudem creditoris facta sunt. *Lugd.-Batav.*, 1719. in-4°.

1092. WALCH (Carol.-Fred.). De jure prioritatis in fraudem aliorum creditorum impetratæ. *Jenæ*, 1790. in-4°.

1093. WASHINGTON (Jac.). De actione Paulianâ. *Lugd.-Bat.*, 1711. in-4°.

I.   i

1094. WEHRN (Christ.-Guill.). De actione Paulianâ. *Erf.*, 1781. in-4°.

1095. ZOLLER (Fred.-Gott.). De eo quod justum
est circà donationem à debitore antè concursum
motum factam. *Lipsiæ*, 1775. in-4°.

SECTION IV.

Des Concordats.

1096. ALLEINZ (Abr.). De pacto partis debiti remissorio majoris partis creditorum. *Gies.*, 1736. in-4°.

1097. BECHMANN (Jo.-Wolckm.). De Pacto remissorio. *Jenæ*, 1685. in-4°.

1098. BOEHMER (Just.-Henning.). De Pacto remissorio, moto concursu. *Hal.*, 1735. in-4°.

1099. BREUNING (Ch.-Henr.). Diss. an debitor tran-
sigens cum creditoribus fruatur beneficiis ejus, qui
bonus cessit, in finiendâ locatione? *Lipsiæ*, 1771.
in-4°.

1100. LAUTERBACH (Wolf-Adam). Dissert. de pre-
judiciali pacto majoris partis creditorum. *Tubing.*,
1667. in-4.

1101. LEMBKE (Paul-Chr.-Nic.). Dissert. inauguralis de pacto remissorio quoad creditorem non con-
sentientem. *Jenæ*, 1784. in-4°.

1102. STRACCHA (Benev.). De creditorum et debitorum pactis. In ejus Tract. (*Vid.* n. 108.)

1103. VOELDENDORF (Carl.-Fred.-Wil.). Etwas von
Nachlassverträgen ; [Essai sur les Concordats].
Erlang, 1788. in-8°.

1104. WAGLER (Paul-Tob.). De pactis remissoriis cum debitore obœrato. *Altdorf.*, 1785. in-4°.

1105. WERENBERG (W.-C.). Pactum remissorium majoris partis Chirographariorum in concursu creditorum non esse Juris romani. *Halœ*, 1729. in-4°.

1106. WIESAND (Georg.-Steph.). De Pacto remissorio. *Vittemb.*, 1773. in-4°.

SECTION V.

Des Revendications.

1107. BAVER (J.-G.). De creditore speciei in concursu creditorum traditionem speciei frustra petente et hujus loco pretio, quod solvit, cum eo quod interest, ipsi in classe chirographiorum adjudicando. *Lipsiœ*, 1754. in-4°.

1108. FICHTNER (Jo.-Georg.). De venditione ad credentiam. *Altdorf.*, 1713. in-4°.

1109. FLEISCHER (Ch.-Fr.). De debito speciei moto antè traditionem concursu creditorum, præcisè præstando. *Lipsiœ*, 1753. in-4°.

1110. GMELIN (Ch.-Got.). De jure separationis quod exorto super bonis emptoris concursu, venditori in re venditâ competit. *Tubing.*, 1799. in-4°.

1111. HARPPRECHT (Chr.-Ferd.). Diss. de rerum decoctori vel decoctionis candidato, venditarum vindicatione. *Tubing.*, 1714. in-4°.

1112. HARPPRECHT (Ferd.-Chr.). De rei venditione ad credentiam propè diem decoctionis præcipuè initâ. *Tubing.*, 1713, in-4°.

1113. RIVINUS (Andr.–Flor.). De rei venditæ et traditæ, solutione non facta, vindicatione. *Villemb.*, 1747. in-4°.

1114. TEUCHER (Guil.-Sigism.). De jure vindicantium præclusorum. *Lipsiæ*, 1805. in-4°.

1115. TOPP (Jo.-Conrad.-Sigism.). De utilis rei venditionis speciebus, earumque usu in concursu creditorum. *Helmst.*, 1750. in-4°.

1116. WIDOW (Pet.-Henr.). Diss. de dominio mercium, intervenientibus litteris recognitionis transmissarum, moto concursu, creditoribus cedente. *Erford.*, 1789. in-4°

SECTION VI.

Du rang et de la distribution entre les Créanciers.

1117. ALEMANN (Wil.-Chr.-Aug.). Observationes quibus juris romani argumenta de odio debitorum, creditorum vindicta et concursu imminente illustrantur. *Gotting.*, 1752. in-4°.

1118. ALMERS (Seb.). Diss. de beneficiis creditorum adversùs debitores, creditorum inter se ipsos et debitorum adversùs creditores. *Lipsiæ*, 1623. in-4°.

1119. ANTEN (Henr.). Diss. de prioritate et concursu creditorum. *Basil.*, 1625. in-4°.

1120. ANTHOINE (Dom.). Theses de collocatione et privilegiis creditorum. *Argent.*, 1761. in-4°.

1121. ARENTS (Egb.). De prælatione creditorum. *Franequerræ*, 1700. in-4°.

1122. ARNOLT (Viti.). Juristisches Tractâtlein von Vorund Nachgang der Creditoren; [Petits Traités juridiques du rang des créanciers dans le concours]. *Salzb.*, 1741. in-8°.

1123. ARUMÆUS (Dom.). De prioritate sive proto-praxiâ creditorum concurrentium. *Jenæ*, 1627. in-4°.

1124. ARUMÆUS (Dom.). De jure et privilegiis plurium creditorum. *Jenæ*, 1607. in-4°.

1125. AYRER (Georg.-Henr.). Diss. de pœnâ præclusionis in concursibus creditorum. *Gotting.*, 1743. in-4°.

1126. BALTHASAR (Aug.). Diss. de pecuniâ assecurationis in locat. conduct. prædiorum soluto ejusdem in concursu creditorum jure. *Gryph.*, 1739. in-4°.

1127. BAUTE (Sam.). De Protopraxiâ Creditorum. *Traj. ad Rhen.*, 1706. in-4°.

1128. BAVER (Henr.-Gottfr.). Diss. regulæ, si vinco vincentem te, vinco te ipsum, perperam in concursu creditorum locum dari. *Lipsiæ*, 1783. in-4°.

1129. BECHMANN (Joh.-Volf.). Positiones de privilegio ordinis. *Salana*, 1685. in-4°.

1130. BEFOLD (Ch.). De concursù et prælatione creditorum. *Tubing.*, 1618. in-4°.

1131. BEIER (Ad.). De circulo creditorum. *Jenæ*, 1697. in-4°.

1132. BEUCHEL (Car.-Sigism.). De expensis concursus reliquisque damnis creditori à fidejussore indefinit obligato refundendis. *Erford.*, 1770. in-4°.

1133. Beuther (Jo.-Mich.). De Jure prælationis seu prioritatis inter concurrentes creditores. *Colon.*, 1701, in-8°.—Germanico idiomate. *Argent.*, 1651. in-4°.

1134. Bitsch (Casp.). Disp. de concursu et prælatione creditorum. *Argent.*, 1629. in-4°.

1135. Bitsch (Casp.). Disp. de Creditorum privilegiis. *Argent*, 1634. in-4°.

1136. Bodin (Henr.). De non præferendis sumptibus curationis ultimi morbi. *Halæ-Magd.*, 1703. in-4°.

1137. Boehmer (G.-Lud.). Diss. de Jure mercedis opificum in concursu creditorum. *Gotting.*, 1753. in-4°.

1138. Brunnemann (Jo.). Prælectiones de processu concursus creditorum. *Francofurt.*, 1697. in-4°.—Notis et additionibus illustravit, Sam. Strykius. *Francof. ad Viadr.*, 1745, in-4°.

1139. Bucher (Joh.-Petr.). Nùm moto concursu, usurarum cursus sistatur, questio retractata. *Rintel.*, 1774. in-4°.

1140. Canter ab Idsinga (Franc.). Diss. de Protopraxiâ creditorum. *Lugd.-Bat.*, 1720. in-4°.

1141. Canz (Eberh.-Ch.). De contradictore in concursu creditorum. *Tubing.*, 1769. in-4°.

1142. Carocc. (Alex.). Diss. de Protopraxiâ creditorum. *Gryph.*, 1693. in-4°.

1143. Chemnit (Joach.). Diss. de Jure prælationis creditorum. *Francof. ad Viadr.*, 1737. in-4°.

1144. CLOPENBURG (Jos.-Herm.). De Protopraxiâ Creditorum. *Lugd.-Bat.*, 1692. in-4°.

1145. COEPER (Jo.). Positiones de Creditorum in concursu præferentiâ. *Argent.*, 1651. in-4°.

1146. COLDEBAC (Matth.). Diss. de Jure prælationis creditorum. *Francof. ad Viad.*, 1625, in-4°.

1147. COSTA (Nonnius-A.). De privilegiis creditorum. *Genev.*. 1670. in-fol.

1148. DABELOW (Christ.-Chr.). Ausfürliche Entwikelung der Lehre vom Concurs der Glaübiger; [Développemens sur le concours des Créanciers]. *Hale*, 1801. in-8°.

1149. DASONIUS (Georg.). De prioritate et concursu creditorum. *Jenæ*, 1614. in-4°.

1150. DECHER (Joach.). De concursu creditorum, eorumque jure prælationis. *Francof.*, 1649. in-4°.

1151. DEGINCK (Jo.-Phil.). Diss. de Protopraxiâ creditorum. *Argent.*, 1672. in-4°.

1152. DEINLIN (Georg.-Fred.). Diss. de ordine quorumdam creditorum peculiari in concursu. *Altd.*, 1726. in-4°.

1153. DIETMAR (Joh.-Wilh.). Programma de loco honorarii ministrorum in concursu creditorum. *Jenæ*, 1754. in-4°.

1154. EINERT (Carol.). De variis modis quibus concursus creditorum finiuntur. *Lipsiæ*, 1807. in-8°.

1155. ENDRES (Joh.-Nepomuc.). De privilegio hypothecæ judicialis a venditore in re venditâ reservatæ, moto concursu. *Wicerburg*, 1774. in-4°.

1156. Entzlin (Math.). Diss. de privilegiis creditorum. *Tubing.*, 1586. in-4°.

1157. Essen (A.-H.). Diss. de Protopraxiâ concurrentium creditorum. *Basil.*, 1665. in-4°.

1158. Feltz (Jo.-Henr.). Excerpta controversiarum illustrium de prælationis creditorum jure. *Argent.*, 1719. in-4°.

1159. Forster (Valent.). Diss. de privilegiis creditorum. *Heidelb.*, 1584. in-4°.

1160. Fredersdorfs (Leop.-Frid.). Untersuchung wie die Concurskosten am billig sten zu bezahlen; [Examen de la question : si les frais doivent être payés sur les sommes à distribuer dans les faillites]. *Lemg.*, 1774. in-8°.

1161. Frideric (Paul.). Disp. de creditorum concursu, qualitate et collocatione. *Argent.*, 1636. in-4°.

1162. Gerschov (Frid.). Diss. de famosissimo prælationis inter creditores beneficio. *Gryph.*, 1622. in-4°.

1163. Gmelin (Chr.-Goetl.). Diss. de concursu creditorum materiali, ejusque à formali differentis potioribus. *Erl.*, 1775. in-4°.

1164. Gmelin (Christ.-Gottl.). Ordnung der Glaübiger im Gantprocesse; [De l'ordre des Créanciers après la vente des biens du Failli]. *Leipsig*, 1783. in-8°.

1165. Goebel (Jo.-Guill. de). Selectiores quædam

de concursûs processu observationes.*Helms.*, 1731. in-4°.

1166. HABERKORN (Henr.-Petr.). Processus concursus et prælationis creditorum. *Lipsiæ*, 1677. in-4°.

1167. HACKE (Henr.-Chr.). De separatione patrimoniorum in concursu. *Lipsiæ*, 1733. in-4°.

1168. HARPPRECHT (Ch.-Ferd.). Jus contractus vitalitii in concursu creditorum. *Tubing.*, 1754. in-4°.

1169. HEEMSKERCK (Guil. Van). Diss. de Jure prælationis creditorum. *Lugd.-Bat.*, 1712. in-4°.

1170. HEIG (Petr.). Diss. de Jure concurrentium creditorum. *Vittemb.*, 1590. iu-4°.

1171. HEIMBURG (Jo.-Casp.). Disp. de jure creditorum, facta cessione, adversùs tertium. *Jenæ*, 1741. in-4°.

1172. HEIMBURG (Jo.-Gasp.). An is qui jure prælationis quoad sortem in concursu creditorum est munitus eodem quoad usuras quoque gaudeat. *Jenæ*, 1730. in-4°.

1173. HELLFELD (Joh.-Aug.). De prerogativâ hypothecæ publicæ tacitæ æquè ac expressæ competente. *Jenæ*, 1771. in-4°.

1174. HELLWIG (Joach.-Andr.). Disp. de sumptibus concursus creditorum. *Gryph.*, 1732. in-4°.

1175. HENNE (Rud.-Chr.). Progr. de privilegio personali creditoris ad rem emendam mutuum dantis. *Erford.*, 1770. in-4°.

1176. HOEPFNER (Jo. - Ernest.). Diss. de collocatione usurarum in concursu creditorum. *Giessæ*, 1754. in-4°.

1177. Jessen (Matth.). Diss. de prærogativâ creditorum in pignore. *Jenæ*, 1680. in-4°.

1178. Kanne (Ch.-Car.). De compensatione et retentione in concursu creditorum locum habente. *Lipsiæ*, 1779. in-4°.

1179. Koch (Joh.-Christoph.). De concursu hypothecæ specialis et generalis. *Giessæ*, 1782. in-4°.

1180. Koch (J.-Ch.). De pecuniâ ad emendum creditâ privilegiatâ et non privilegiatâ. *Giessæ*, 1772. in-4°.

1181. Kortholt (Franc.-Just.). De Jure salarii advocatorum in concursu creditorum. *Giessæ*, 1770. in-4°.

1182. Lange (Ern.). Diss. de Protopraxiâ creditorum. *Basil.*, 1620. in-4°.

1183. Lauterbach (Wolfg.-Adam). Diss. de privilegio creditorum personali simplici. *Tubing.*, 1662. in-4°.

1184. Lauterbach (Wolfg.-Adam). Diss. de immissione in bonorum possessionem et creditorum prælatione. *Tubing.*, 1655. in-4°.

1185. Leib (Jo.). Tract. de prioritate creditorum. *Coburg.*, 1694. in-12.

1186. Le Roux (Jo.-Jac.-Franc.). Diss. de concursu et ordine creditorum. *Argent.*, 1785. in-4°.

1187. Leyser (Aug.). Diss. de Creditoribus, concursui creditorum non immiscendis. *Helmst.*, 1728. in-4°.

1188. LEYSER (Aug.). De concursu creditorum in genere. *Helmst.*, 1728. in-4°.

1189. LEYSER (Wilh.) De Scylâ et Charibdi in concursu creditorum. *Helmst.*, 1729. in-4°.

1190. LINCKER (Nic.-Chr.). De privilegiis depositi. *Jenæ*, 1698. in-4°.

1191. LINDE (Jo.). De compensatione in concursu creditorum. *Giessæ*, 1782. in-4°.

1192. LINDEMANNI (Thom.). Diss. de præferentiis et protopraxiâ creditorum. *Rost.*, 1624. in-4°.

1193. LUDOVIC (Jacob.-Frid.). De creditore ad fidem habendam inducto. *Halæ*, 1719. in-4°.

1194. LUND (Carol.). Diss. de privilegiis creditorum. *Upsal.*, 1710. in-8°.

1195. MANZEL (Ern.-Jo.-Frid.). Diss. de Jure prælationis pecuniæ sine usuris creditæ. *Rost.*, 1740. in-4°.

1196. MAYOLH (Joach.-Ludolp.). Tract. de compensatione ejusque validâ oppositione in concursu creditorum. *Wismar*, 1751. in-4°.

1197. MELAS (Val.). Dissert. de Protopraxiâ seu primâ exactione concurrentium creditorum in bonis decoctorum. *Jenæ*, 1650. in-4°.

1198. MELONIUS (Lucas). De Jure prælationis. *Norimb.*, 1644. in-8°.

1199. MERCKEL (Bath.-Adam). De concursu et prælatione creditorum. *Marb.*, 1730. in-4°.

1200. MEVER (Ant. de). Diss. de Protopraxiâ Creditorum. *Traj. ad Rhen.*, 1691.

1201. MEYER (Herm.). Liber de præferentiis creditorum, vel de pignoribus et hypothecis. *Francof.*,
1611, in-4°.

1202. MEYER (Just.). Assertiones controversæ de
privilegiis concurrentium creditorum. *Argent.*,
1607. in-4°.

1203. MOEGLING (Jo.-Frid.). Diss. de favore dubio
usurarum in concursu creditorum. *Tubing.*, 1747.
in-4°.

1204. MOCK (Mart.-God.). De vigilantiâ creditorum.
Altdorf., 1706. in-4°.

1205. MONKEBERG (J.-G.). Adumbratio juris cambialis in concursu creditorum. *Gotting.*, 1788. in-4°.

1206. MUHLPFORT (Wolfg.-Werther). Disput. de
prioritate concurrentium creditorum. *Jenæ*, 1620.
in-4°.

1207.ᵃ MULDENER. De Concursu creditorum. *Marb.*,
1675. in-4°.

1208. MULLER (Petr.). De favore salarii. *Jenæ*, 1681.
in-4°.

1209. MULLER (Mart.). Diss. de privilegiis creditorum. *Giess.*, 1662. in-4°.

1210. MYLIUS (Otto-Henr.).Tractatus de creditorum
prælationibus, in octo classes distinctus. *Norimb.*,
1635. in-4°.

1211. NERGER (Joach.). Diss. de prioritate creditorum. *Viltemb.*, 1703. in-4°.

1212. NETTELBLADT (Daniel), Dissert. de sumptibus
concursus creditorum. *Halœ*, 1754. in-4°.

1213. PELLER (Martin). De curatore bonorum iu concursu creditorum eorumque prælatione. *Basil.*, 1676. in-4°.

1214. PESTEL (Dav.). Diss. de præferentiis creditorum. *Rint.*, 1667. in-4°.

1215. PFIZER (Beni.-Frid.). De pignore privilegiato, quod mutuando ad rem comparandam acquiritur. *Stuttgard*, 1792. in-4°.

1216. PHILIPPS (Coruel.). Diss. de præferentiâ et concurrentiâ creditorum in pignore. *Utraj.*, 1725. in-4°.

1217. PUCHOLZ (Wen.-Xav.-Neumann). Diss. de processu concursus creditorum. *Prag.*, 1732. in-4°.

1218. RENNEMANN (Henn.). Diss. de prioritate in concursu creditorum. *Erf.*, 1636. in-4°.

1219. RERHARDT (Car.-Aug.). De effectu fori concursus creditorum universalis ratione bonorum territorii alieni. *Jenæ*, 1775. in-4°.

1220. REUSNER (Nic.). De privilegiis et jure potiori creditorum concurrentium conclusiones. *Jenæ*, 1599. in-4°.

1221. RICHTER (Chr.-Phil.). Diss. de jure et privilegiis creditorum. *Colon.*, 1707. in-4°.

1222. RIVINUS (Jo.-Fl.). De Jure pignoris moto concursu. *Lipsiæ*, 1728. in-4°.

1225. RIVINUS (And.-Flor.). Diss. de prærogativâ creditorum cambialium 'præ chirographariis. *Vittemb.*, 1749. in-4°.

1224. RODRIQUEZ (Amad.). Tr. de concursu et pri-

vilegiis creditorum in bonis debitoris. *Genev.*,
1665. in-fol.

1225. RUMMETSCH (Franc.-Jac.). De jure prælationis in concursu creditorum. *Basil.*, 1642. in-4°.

1226. SALGADO (Franc.). Labyrinthus creditorum
concurrentium. *Lugd.*, 1672. in-fol.

1227. SATOR (Frid.-Henr.). De pignorum prærogativâ generatim, et speciatim de pignore publico,
pignori legali non indistinctè anteponendo. *Erford.*,
1772. in-4°.

1228. SCHACK (Guil.-Van.). Diss. de prælatione et
concursu creditorum. *Ultraj.*, 1692. in-4°.

1229. SCHEFFER (Jo.-Theod.). De præcursu Creditorum. *Tubing.*, 1751. in-4°.

1230. SCHNEGAS (Elia). De concursu creditorum
in foro civili formando. *Brunsw.*, 1718. in-4°.

1231. SCHNOBEL (Joach.). Diss. de prioritate creditorum. *Rostoch.*, 1645. in-4°.

1232. SCHOEPFF (Adam.-Wolfg.). Diss. de jure præclusionis creditorum a judicio concursus. *Tubing.*,
1732. in-4°.

1233. SCHOEPFF (Wolfg.-Adam). Diss. de creditorum
concursu particulari. *Tubing.*, 1753. in-4°.

1234. SCHOTAN (Bernh.). Disp. de concursu creditorum et eorum privilegiis. *Lugd.Bat.*, 1645. in-4°.

1235. SCHROETER (Ern.-Frid.). Disput. de Protopraxiâ creditorum. *Jenæ*, 1665. in-4°.

1236. SITHMANN (Jo.). Diss. de prioritate sive jure
prælationis creditorum in concursu. *Sed.*, 1652.
in-4°.

1237. SMERHEM (Henr.). De concursu et ordine creditorum. *Helmst.*, 1621. in-4°.

1238. SPRINGSFELD (Georg.-Henr.). De concurrentium creditorum prærogativâ. *Erf.*, 1638. in-4°.

1239. STAUBER (Henr.). Diss. de judicio concursus universali. *Tubing.*, 1667. in-4°.

1240. STEPHAN (Petr.). De concursu creditorum, eorumque privilegiis. *Gryph.*, 1653. in-4°.

1241. STEPHAN (Matth.). Com. de privilegiis creditorum et eorumdem ordine in concursu. *Lipsiæ*, 1752. in-4°.

1242. STEPHAN (Matth.). Diss. de prioritate creditorum. *Gryph.*, 1637. in-4°.

1243. STRAUSS (Jo.-Val.). Diss. de concursu creditorum, eorumque privilegiis. *Mog.*, 1729. in-4°.

1244. STREBEL (Laur.-Fred.). Disp. de prioritate creditorum. *Altd.*, 1651. in-4°.

1245. STRUVE (Burc.-Gott.). Struvius non errans, sive vindicatio sententiæ Struvii de concursu creditorum adversùs Ant. A. Mara, sive Eliam Scnegas. *Colon.*, 1691. in-4°.

1246. SUEV (Gottfr.). Diss. de concursu et prælatione creditorum. *Vittemb.*, 1651. in-4°.

1247. SUEV (Jo.). Dissert. de concursu creditorum eorumque prælatione. *Jenæ*, 1625. in-4°.

1248. TENZEL (Ernest). De decreto distributionis in concursibus creditorum nonnullibi recepto. *Erford.*, 1729. in-4°.

1249. TEEN TOOREN (Lucas). De beneficio Proto-

praxiæ et concursú creditorum. *Franequerrœ*,
1676. in-4°.

1250. Trechsel (Jos.-Mart.). Positiones de privilegiis creditorum. *Altd.*, 1698. in-4°.

1251. Trich (Alb.-Phil.). Diss. de Juribus illius qui
alteri ad emendam credidit. *Helmst.*, 1771. in-4°.

1252. Truetzschler (Fred.-Carl.Ads). Die Lehre
von der Präclusion der Gläubiger bey entstandenen
Concurse; [Les Principes de la préférence entre
créanciers dans le concours]. *Leipsig*, 1781. in-4°.

1253. Ulrich (Ph.-Ad.). Labyrinthus creditorum
ac eorum concursus. *Herbip.*, 1720. in-4°.

1254. Ungepaver (Erasm.). Diss. de prioritate et
privilegiis creditorum. *Jenœ*, 1657. in-4°.

1255. Vanderan (Pet.). De privilegiis creditorum
eorumque origine. *Antuerp.*, 1596. in-8°.

1256. Volschov (Joach.). Diss. de concursu, prælatione et privilegiis creditorum in bonis obæratorum
debitorum. *Gryph.*, 1639. in-4°.

1257. Wagner (Georg.-Jos.). De concursu creditorum. *Moguntiœ*, 1721. in-4°.

1258. Wahl (Jo.-Frid.). Program. de præferentiâ
creditorum hypothecariorum in concursu ex temporis privilegio. *Goetting.*, 1755. in-4°.

1259. Walch (C.-Fr.). De compensatione creditorum in concursu. *Jenœ*, 1770. in-4°.

1260. Werner (Georg.). Diss. de præferentiâ creditorum in concursu eorumdemque privilegiis.
Jenœ, 1657. in-4°.

1261. WERTHER (Wolfg.). Diss. de prioritate creditorum concurrentium. *Jenæ*, 1620. in-4°.

1262. WIBELL (Joach.). Diss. de jure prælationis, seu
prioritatis in concursu creditorum. *Tubing.*, 1648.
in-4°.

1263. WIELING (Epei). Diss. de Protopraxiâ Creditorum. *Franequerræ*, 1725. in-4°.

1264. WIESE (W.-Vinc.). Progr. von den Rechten
und Verbindlichkeiten der Gläubiger in Concurs;
[Des Droits et Obligations des Créanciers dans le
concours]. *Rostoch*, 1771. in-4°.

1265. WIESE (Walther-Vin.). Dissert. de Concursu
Creditorum lites alibi pendentes non turbante. *Rost.*,
1789. in-4°.

1266. WILDVOGEL (Christ.). De Jure præferentiæ
in locatione. *Jenæ*, 1703. in-4°.

1267. WILKELSTATS (Ern.-Frid.). De Protopraxiâ
creditorum. *Jenæ*, 1665. in-4°.

1268. WITT (Lug.-Fran.-Fred.). De Jure debiti
cambialii in concursu creditorum. *Heidelb.*, 1815.
in-4°.

1269. WOLSFFELS (Ge.-Sam.-Von.). Diss. de Jure
prælationis creditorum. *Basil.*, 1631. in-4°.

SECTION VII.

Droits des Femmes de Faillis.

1270. BARTHOLD (Frid.-Jacob.). De concursu dotis
et fisci. *Francf. ad Viadr.*, 1686. in-4°.

1271. BASTINELLER (Gebh.-Christ.). De Marito fa-

<table><tr><td>I.</td><td>k</td></tr></table>

cultatibus lapso , usumfructum bonorum illatorum
mulieris percipiente vel non. *Vittemb.*, 1742. in-4°.

1272. BASTINELLER (Godof.-Chr.). De concursu creditorum mariti et uxoris. *Vittemb.*, 1742. in-4°.

1273. BAVER (Henr.-God.). De jure Creditorum
quorum commodo uxor fidejussit. *Lipsiæ*, 1807.
in-4°.

1274. BRENDEL (Joh.-Christoph). De privilegio dotis
in concursu creditorum. *Vittemb.*, 1687. in-4°.

1275. BRUNQUELL (Jo.-Salom.). De usufructu mariti
in rebus uxoris moto super illius bonis concursu
creditorum cessante. *Jenæ*, 1732. in-4°.

1276. GMELIN (Christ.-Gottl.). Diss. de obligatione
uxoris ad solvenda debita a conjugibus contracta
moto in primis super bonis mariti concursu creditorum. *Tubing.*, 1785. in-4°.

1277. MANZEL (Ern.-Jo.-Frid.). An et quatenùs
jura conjugum moto concursu obterentur? *Rost.*,
1760. in-4°.

1278. STRYKIUS (Jo.-Sam.). De prælatione dotis et
fisci mutua in concursu creditorum. *Halæ*, 1702.
in-4°.

1279. WEBER (Fred.-Adol.). Dissert. inaugur. de
dote a creditoribus impugnandâ, præsertim constitutione ejus vel agnitione in fraudem illorum factâ.
Rost., 1812. in-4°.

1280. ZANGER (Carl.-G. von). Ub weibl Bürgsch ü
concurss; [Sur la Caution des Femmes dans les
Failllites]. *Giess.*, 1804. in-4°.

QUATRIÈME SUBDIVISION.

Des Cessions de Biens.

1281. ARENA (Jac.). De excussione bonorum. *Coloniæ*, 1591. in-8°.

1282. BEJER (Adr.). Diss. de cessione bonorum. *Jenæ*, 1697. in-4°.

1283. BERRE (Mariæ-Jo.-Christoph.). Diss. de cessione bonorum. *Argent.*, 1764. in-4°.

1284. BOSCH (Alb.). Diss. de cessione bonorum. *Lugd. Bat.*, 1725. in-4°.

1285. BRUG (Matth.). Tract. de cessione bonorum. *Colon.*, 1591. in-8°.

1286. BRUN (Matth.). De cessione bonorum. *Lugd.-Bat.*, 1593. in-4°.

1287. CARBEN (Jo.-Petr.). De beneficio cessionis. *Argent.*, 1727. in-4°.

1288. CORASIUS (Jo.). De cessione bonorum. *Vittemb.*, 1603, in-fol.

1289. CRAMER (Mart.-Zach.). Diss. de eo qui ad meliorem fortunam pervenit. *Lips.*, 1678. in-4°.

1290. CRAVEL (Jo.-Frid.). De cessione bonorum. *Argent.*, 1657. in-4°.

1291. DIESSELDORF (Jo.-Godofr.-A.). Dissert. de beneficio miserabili. *Gedan.*, 1698. in-4°.

1292. DORMAEUS (L.-A.).Thes. in titul. Pand. et Cod. de cessione bonorum. *Colon.*, 1592. in-4°.

1293. EICHEL (Jo.). Dissertatio de beneficio competentiæ et cessione bonorum. *Helmst.*, 1656. in-4°.

1294. FUCH (Paul). Diss. de beneficiis debitoribus concessis. *Duisib.*, 1668. in-4°.

1295. GALEN (Arn.-Ant.). Diss. inaug. de cessione bonorum. *Lugd. Bat.*, 1785. in-4°.

1296. GELDERMANN (Sam.-Jos.). Diss. de beneficiis bonorum cessionis. *Ultraj.*, 1727. in-4°.

1297. GROMME (Abrah.). Diss. de cessione bonorum. *Lugd. Bat.*, 1690. in-4°.

1298. GROSSEN (Mich.). Diss. de beneficio cessionis bonorum. *Vittemb.*, 1650. in-4°.

1299. HAKELMANN (Leopold). Diss. de cessione bonorum. *Jenæ*, 1595. in-4°.

1300. HARPPRECHT (Jo.). Dissert. de cessione bonorum. *Tubing.*, 1623. in-4°.

1301. HELFELD (Jo.-Aug.). Progr. de bonis debitorum post eorum cessionem distrahendis. *Jenæ*, 1764. in-4°.

1302. HUNN (Helf.-Ulr.). Diss. de cessione bonorum. *Giessæ*, 1617. in-4°.

1303. KEYSER (Corn. de). Diss. ad leg. 4, Codicis, qui bonis cedere possint. *Ultraj.*, 1722. in-4°.

1304. KORNMANN (Jos.). De cessione bonorum. *Marp.*, 1642. in-4°.

1305. LINCK (Jer.-Eberh.). Diss. de cessione bonorum. *Argent.*, 1740. in-4°.

1306. LUCA (Jo.-Bapt. card. de). De cessione bonorum. *Lugd.*, 1684. in-fol.

1307. LUDWELL (Guil.). Disp. de cessione bonorum. *Altd.*, 1644. in-4°.

1308. MAULIUS (Thomas). De cessione bonorum. *Francf.*, 1635. in-4°.

1309. MANZ (Gasp.). Conflictus creditorum cum debitore ad pinguiorem fortunam reverso. *Ingolst.*, 1644. in-4°. — Et germanico idiomate : Zinsscharmützel zwischen dem Glaübiger et Schuldener; [Du Concours entre les Créanciers et le Débiteur]. *Ingolst.*, 1645. in-4°.

1310. MERGER (Joach.). Diss. de Jure debitoris ne egeat. *Vitemb.*, 1663. in-4°.

1311. MEVIUS (David). Theatri concursûs creditorum Diascepsis de cessione bonorum. *Gryph.*, 1657. in-4°.

1312. MEVIUS (David). Norma æquitatis : sive discussio levaminum inopiæ debitorum. *Stettin*, 1718. in-4°.

1313. MOELLER (Herm.). Diss. de cessione bonorum. *Basil.*, 1532. in-4°.

1314. MOLLENBEC. (Bern.-Ludov.). Diss. de abusu cessionis bonorum. *Giess.*, 1718. in-4°.

1315. NERINGIUS (L.). Diss. de cessione bonorum. *Basil.*, 1656. in-4°.

1316. NEURATH (Mart.). Diss. de cessione bonorum. *Colon.*, 1695. in-4°.

1317. OLEARIUS (Jo.-Frid.). Diss. de renunciatione cessionis bonorum a debitore factâ. *Lipsiæ*, 1703. in-4°.

1318. Puttmann (Jos.-Lud.-Ern.). Diss. de cessione bonorum contumeliosâ. *Lipsiæ,* 1784. in-4°.

1319. Puttmann (Jos.-Lud.-Ern.). Progr. de bonis per cessionem bonorum ad creditores haud transeantibus. *Lipsiæ,* 1778. in-4°.

1320. Rebhann (Jo.). Dissert. de beneficio cessionis bonorum debitorum pauperatorum. *Argent.,* 1658. in-4°.

1321. Rhane (Henr.). De cessione bonorum. *Rostoch,* 1637. in-4°.

1322. Riemer (Val.). Disp. de cessione bonorum. *Jenæ,* 1634. in-4°.

1323. Ronnenberger (Jo.-Petr.). Diss. de cessione bonorum. *Basil,* 1676. in-4°.

1324. Sanchez de Melo (Lud.). In tit. Codicis, qui bonis cedere possint. *Malaccæ,* 1642. in-4°.

1325. Schaffsausen (Jo.-Theod.). Diss. de cessione bonorum. *Basil.,* 1667. in-4°.

1326. Schmid (Jo.-Casp.). De cessione bonorum. *Basil,* 1662. in-4°.

1327. Schoetten (J.-H.). De cessione bonorum. *Marburg.,* 1670. in-4°.

1328. Schroeter (Ern.-Frid.). Diss. de singulari debitorum jure. *Jenæ,* 1662. in-4°.

1329. Schwalb (And.). De cessione bonorum. *Altd.,* 1652. in-4°.

1330. Schwendendoerffer (Barth.-Leonh.). Diss. de cessione bonorum. *Lipsiæ,* 1668. in-4°.

1331. SLUTER (Jo.). Diss. de cessione bonorum. *Gryph.*, 1637. in-4°.

1332. SMALCADEN (Lud.-Com.). Diss. de assignatione bonorum judiciali obærati debitoris. *Tubing.*, 1749. in-4°.

1333. SPITZ (Franc.-Xav.). Positiones de cessione bonorum. *Argent.*, 1785. in-4°.

1334. STRECKER (Conr.-Wilh.). Diss. de cessione bonorum famam non fugillante. *Erf.*, 1729. in-4°.

1335. STRUVE (Georg.-Adam.). Diss. de flebili cessionis bonorum adjutorio. *Jenæ*, 1666. in-4°.

1336. SZELLECZK (Jac.). Diss. de bonorum cessione. *Argent.*, 1580. in-4°.

1337. TWESTRENG (Eberh.). Diss. de cessione bonorum. *Basil.*, 1578. in-4°.

1338. VERI (Just.). Tract. von cessione Bonorum, und Banckrotten; [De la cession de Biens, et Banqueroute]. *Franckf.*, 1698. in-4°.

1339. VOELSCHOV (Joach.). Diss. de cessione bonorum. *Gryph.*, 1650. in-4°.

1340. WESENBEC (Matth.). Diss. de cessione bonorum, et qui cedere possunt. *Vittemb.*, 1572. in-4°.

1341. WILDWOGEL (Christ.). De flebilis beneficii cessionis æquitate. *Jenæ*, 1703. in-4°.

1342. WOGESSER (Jo.-Carl.). Diss. de cessione bonorum. *Basil.*, 1617. in-4°.

1343. WYMEN (Henr,-Petr.). Diss. de beneficiis debitoris obærati. *Traj. ad Rhen.*, 1733. in-4°.

1344. ZEGERS (Cas.). Diss. de cessione bonorum. *Traj. ad Rhen.*, 1717. in-4°.

CINQUIÈME SUBDIVISION.

Des Banqueroutes.

1345. AVERBACH (Jo. - Geor.). Mercator fallitus. *Lipsiæ*, 1685. in-12.

1346. BANCK (Laur.). De Bancæruptoribus duo diss. *Francof.*, 1650. in-4°.

1347. FAHRENHORST (Chr.). De Bancoruptorum scelere practico. *Rostoch*, 1625. in-4°.

1348. HAREN (Franc.-Rutg.-Ab.). Dissert. de decoc: toribus. *Mog.*, 1718. in-4°.

1349. LINCK (Jero.-Eberh.). Diss. de Bancæruptori- bus. *Argent.*, 1741. in-4°.

1350. MOLLER (Jac.). Von Banquerotirern; [Des Banqueroutes]. *Franckfurt*, 1693. in-4°.

1351. SALZMANN (Rudolph.). De Bancæruptoribus. *Argent.*, 1666. in-4°.

1352. SAUTER (Dan.). De Bancæruptoribus seu Praxis bancoruptorum hujus sæculi quæ secundùm fallaces actiones depingitur. *Lugd.-Bat.*, 1615, in-8°. — Germanicè : Practica der Banquerotiren; [Connoissance des Banqueroutes]. *Augsp.*, 1615. in-4°.

1353. SAUTER (Dan.). Mastix fallitorum, de debi- torum et fallitorum pœnis. *Lugd.-Bat.*, 1619. in-4°.

1354. SCHROETER (Ern.-Fred.). De Bancæruptoribus. *Jenæ*, 1666. in-4°.

1355. SELCHOW (Jo.-Henr.-Chr. de). Diss. de pœnis mercatorum foro cedentium. *Gotting.*, 1775. in-4°.

1356. WEGENER (Dan.). Diss. duo de Bancærupto-ribus, cum præfat. BANKII. *Franequerræ.*, 1658. in-12.

1357. WERNER (Georg.). Diss. de decoctoribus seu debitoribus non solvendo non existantibus. *Helmst.* 1667. in-4°. — Cum præf. BANCKII. *Franequerræ*, 1650. in-12.

1358. WINTERS (Alex.-Polyc.). Muthwillige Banc-rottirer; [Des Banqueroutes préméditées]. *Leipsick,* 1678. in-12.

1359. ZIPFEL (Heinr.). Vom vorsetzlichen Banque-rottiren; [Des Banqueroutes frauduleuses]. *Leipsick,* 1717. in-4°.

HUITIEME DIVISION.

OUVRAGES RELATIFS A LA JURIDICTION COMMERCIALE.

PREMIÈRE SUBDIVISION.

Des Tribunaux de Commerce, et de la procédure qu'on y observe.

1360. BONNET (J.). Recueil d'Arrêts de la Cour de Parlement de Provence, concernant la compétence des Juges et Consuls des Marchands. *Aix*, 1733. 1 vol. in-4°.

1361. Boucher (P.B.). Traité de la procédure devant les tribunaux de commerce. *Paris*, 1810. 1 vol. in-4°.

1362. Breuning (Chr.-Henr.). De usu juris naturalis in causis commerciorum disjudicandis. *Lipsiæ*, 1759. in-4°.

1363. Coppens. Mémoire sur le rétablissement des Amirautés. *Paris*, an 12 (1804). 1 vol. in-4°.

1364. Coppens. Observations sur l'organisation des tribunaux de commerce maritime. *Paris*, an 10 (1802). 1 vol. in-8°.

1365. Ericius (M.-C.). De Jurisdictione littorali. *Gotting.*, 1751. in-4°.

1366. Gernler (Jo. - Henr.). Diss. de judiciario mercatorum processu. *Basil.*, 1697. in-4°.

1367. Goebel (Jos.-Guill. de). De depositione pecuniæ judiciali in processu cambiali. *Helmst.*, 1726. in-4°.

1368. Klein (Jo.). Progr. de singularibus in causis mercatorum à legibus constitutis. *Rost.*, 1698. in-4°.

1369. Kustner (Wilh.). De antiquissimis mercaturæ judiciis. *Lipsiæ*, 1782. in-4°.

1370. Lavaux. Manuel des Tribunaux de commerce. *Paris*, 1813. 1 vol. in-12.

1371. Ludovic (Jac.-Fred.). Anleitung zum Wechshel process. mit J. Gerh. Schlitt's Zusatzen; [In-

troduction à la procédure dans les causes du change,
avec les notes de Schlitte]. *Hal.*, 1745. in-4°.

1372. Mareschal. Traité des Juges Consuls, avec
un avertissement pour la juridiction consulaire.
Paris, 1651. in-8°.

1373. Marperger (Paul-Jac.). Neveröffnetes handels
Gericht oder Wohlbesteltes commercien Collegium;
[Tribunal de Commerce bien organisé]. *Ham-
burg*, 1709. in-4°.

1374. Ripol (Acatius-Antonius, de). De Magistratibus logiæ maris, antiquitate, præeminentiâ jurisdictione, ceremoniis, etc. *Barcinon.*, 1655. — Italico
idiomate, *Venet.*, 1676, in-fol.

1375. Rivinus (Andr.-Florent.). De judicio perito-
rum in arte. *Vittemb.*, 1755. in-4°.

1376. Sauter (Dan.). Praxis bancæ mercatorum.
Lugd.-Bat., 1615. in-4°.

1377. Scherer (Phil.-Ch.). Der Wechshelprocess.
mit Rücks. auf die meisten bekannten de Wechselgesetze; [Procédure dans les affaires de change].
Erlang, 1802. 2 vol. in-8°.

1378. Schultz (Dan.). De jurisdictione littorali.
Altdorf., 1683. in-4°.

1379. Sluter (Jo.). De responsis mercatorum vulgo
Pareres dictis. *Giess.*, 1706. in-4°.

1380. Straccha (Ben.). Quomodò procedendum
sit in causis mercatorum. In ejus Tract. collectione.
(*Vid.* n° 108.)

1381. Thielle (Petr.-Henr. de). De praxi juridicâ
circà commercia. *Argent.*, 1733. in-4°.

DEUXIÈME SUBDIVISION.

Des Arbitrages.

1382. AYRER (G.-H.). De auctoritate arbitrii ex compromisso vim rei judicatæ habentis. *Gotting.*, 1744. in-4°.

1383. BOUCHER (P.-B.). Manuel des Arbitres. *Paris*, 1812. 1 vol. in-8°.

1384. CARRACH (Joh.-Tob.). De cauto compromissorum in arbitros usu. *Halæ*, 1738. in-4°.

1385. DORNFELD (Joh.-Jac.). De Arbitris. *Lipsiæ*, 1724. in-4°.

1386. LINCKER (Nic.-Chr.). De compromissis. *Jenæ*, 1752. in-4°.

1387. REINHARTH (Tob.-Jac.). De judicio Arbitrorum ejusque juris effectibus. *Erfort.*, 1733. in-4°.

TROISIÈME SUBDIVISION.

Consuls en pays étrangers.

1388. BOREL (F.). Origine et fonctions des Consuls. *St.-Pétersbourg*, 1807. 1 vol. in-8°.

1389. GERMAIN (J.-B.). Recueil de Formules pour les Consuls et les Chanceliers des Echelles du Levant et de Barbarie. *Paris*, 1783. 1 vol. in-8°.

1390. LABRUÈRE. Manuel des Commissaires des relations extérieures. *Paris*, 1803. 1 vol. in-8°.

1391. MISLER (Jo.-Harthm.). Ébauche d'un discours sur les Consuls. *Hamb.*, 1731. in-4°.

1392. Steck (J.-C.-W.). Essai sur les Consuls. *Berlin*, 1790. 1 vol. in-8°.

1393. Warden (Dav.-Baill.). On the origin, nature, progress and influence of Consular Establishments; [De l'origine, de la nature, des progrès et de l'influence des Établissemens consulaires]. *Paris*, 1813. in-8°. — Traduit de l'anglais par Bernard Barrère. *Paris*, 1815. 1 vol. in-8°.

1394. Recueil des Réglemens sur les Consulats. *Paris*, 1804. in-4°.

QUATRIÈME SUBDIVISION.

De l'effet des Lois étrangères.

1395. Baver (Joh.-Gothof.). De vero fundamento quo inter civitates nititur retorsio juris. *Lipsiæ*, 1740. in-4°.

1396. Brunemann (Joh.). De jure peregrinorum. *Francof. ad Oder*, 1662. in-4°.

1397. Cocceius (Henr.). De fundatâ in territorio et plurium locorum concurrente potestate. *Vittemb.*, 1739. in-4°.

1398. Elsaesser (C.-F.). De jurium statutariorum variantium retorsione tunc etiam fundatâ, si actus secundùm illa exercitus non præcesserit. *Erlang.*, 1775. in-4°.

1399. Evers (H.-Nic.). De jure repressaliarum è jure naturæ deducendo. *Jenæ*, 1758. in-4°.

1400. Hertius (Jos.-Nic.) De collisione legum. *Giessæ*, 1688. in-4°.

1401. HOHEISEL (Dan.-Frid.). De retorsione jurium
statutariorum variantium, nec æquâ nec prudente.
Halæ, 1736. in-4°.

1402. LIEBENTHAL (Ch.). De repressaliis. *Giessæ*,
1619. in-4°.

1403. LYNCKER (N.-Chr.) De jure repressaliarum.
Jenæ, 1747. in-4°.

1404. MEIER (J.-Goth.). De statutorum conflictu
eorumque in exteros valore. *Giess.*, 1775. in-4°.

1405. OLDENBURG (Vinc.). De retorsione jurium
præcipuè in causis cambialibus. *Gotting.*, 1780.
in-4°.

1406. OTTO (M.-Marcus). De repressaliis. *Argent.*,
1629. in-4°.

1407. RECHENBERG (C.-O.). Bellum legum contrà
leges, retorsione emcntita metuendum. *Lipsiæ*,
1740. in-4°.

1408. SCHEINMANN (David). De authoritate legum
civilium extra territorium legislatoris. *Tubingæ*,
1696. in-4°.

1409. SCHILTERN (Joh.). Jura peregrinorum deli-
neata. *Jenæ*, 1676. in-4°.

1410. SCHMIDMER (Ch.-Jac.). Dissert. sistens observationes miscellaneas de retorsione juris. *Altdorf.*,
1787. in-4°.

1411. SCHMIDT (Greg.-And.). De modo procedendi
circà peregrinos. *Altdorf.*, 1681. in-4°.

1412. SLEVOGT (Jo.-Philip.). De retorsione in mercatorio non competente. *Jenæ*, 1717. in-4°.

1413. STEINBACH (Mich.). De retorsione juris. *Altona*, 1696. in-4°.

1414. SWIETEN. De Jure Repressaliarum. *Vienn.*, 1752. in-4°.

1415. VOET (Joh.). De jure peregrinantium. *Lugd.-Bat.*, 1709. in-4°.

1416. WAGENSEIL (J. - Chr.). De repressaliis. *Altdorf.*, 1671 in-4°.

1417. ZIEGLER '(Gasp.). De jure repressaliarum. *Vittemb.*, 1666. in-4°.

CINQUIÈME SUBDIVISION.

Contrainte par corps.

1418. BALDI. Tractatus de Carceribus. In collect. Tract. *Stracchæ* et aliorum de mercatura. (V. n. 108.)

1419. BEATUS (Georg.). De aresto et privilegiis creditorum. *Geræ*, 1615. in-8°.

1420. BRUCKNER (Guilh.-Hier.). De actione injuriarum ob arrestum contra debitorem solvendo existentem dolosè impetratum competente. *Jenæ*, 1738. in-4°.

1421. BRUCKNER (Guill.-Hier.). De salvo conductu. *Francof.*, 1755. in-4°.

1422. BRUNQUELL (Joh.-Salom.). De processu arresti ad effectum sistendi. *Jenæ*, 1725. in-4°.

1423. DETLEF (Chr.). De Jure salvi conductûs. *Jenæ*, 1666. in-4°.

1424. DOERRIEN (Hern.). De justo rigoris cambialis usu. *Lipsiæ*, 1807. in-4°.

1425. ENGAU (Joh.-Hudolp.). De traditione debitoris ad manus creditoris. *Jenæ*, 1746. in-4°.

1426. ERHARD (Ch.-Dan.). De Litteris patentibus contrà debitorem cambialem et carcere profugum haud injuste evulgandis. *Lipsiæ*, 1801. in-4°.

1427. FALCKNER (Joh.-Christ.). De salvo conductu ad judicium. *Francof.*, 1666. in-4°.

1428. FOMANN (Ort.). De jure sistendi, seu de arrestis. *Francof.*, 1623. in-4°.

1429. FOURNEL (J.-F.). Traité de la Contrainte par corps. *Paris*, 1801. 1 vol. in-12.

1430. GAERTNER (Car-Wilh.). De fœminâ debitrice ex pacto ad carceres obligatâ. *Lipsiæ*, 1728. in-4°.

1431. GEÓRGIUS (Jo.-Fred.). De carcere obæratorum. *Jenæ*, 1679. in-4°.

1432. HUNOLD (Hugo-Franc.). De rigore contrà debitores. *Erfort.*, 1724. in-4°.

1433. KLEINSCHROD (Gall.-Aloys.). De cautelis in salvi conductûs concessione à judice observandis. *Wircemb.*, 1793. in-4°.

1434. KLEINSCHROD (Gal.-Aloys). De litteris quæ fugitivi cujusdam persecutionem petunt ac remissionem, patentibus. *Wircemb.*, 1795. in-4°.

1435. KÆSTNER (Abr.). De obligatione ad carcerem ex causâ debiti in masculo et feminâ obtinente. *Lipsiæ*, 1723. in-4°.

1436. MENCKEN (Gotth.-Lud.). De eo quod justum

est circà carceris obæratorum pœnam. *Vittemb.*,
1729. in-4°. .

1437. PECKIUS ZIRICÆIUS (P.).Tractatus de jure sistendi et manuum injectione quem vulgò *arresta-
tionem* vocant. In collect. Tract. *Stracchæ* et aliorum de Mercaturâ. (*Vid.* n. 108.)

1438. PUTTMANN (Jos.-Lud.-Ern.). Pro rigore cambiali adversùs Caietan. Filangierum. *Lipsiæ*, 1789.
in-4°.

1439. REICHENBACH (Christ.-Ern.). De Arrestis.
Heidelb., 1677. in-4°.

1440. RICCIUS (Chr.-Gottl.). De conventione obli-
gationis debitoris ad carcerem in puncto debiti.
Gotting., 1778. in-4°.

1441. RIVINUS (Jo.-Flor.).Progr. de decoctoribus loco
carceris obæratorum, pœnâ ergastuli afficiendis.
Lipsiæ, 1751. in-4°.

1442. ROMANUS (Paul.-Franc.). De salvo conductu.
Jenæ, 1717. in-4°.

1443. SCHUTTEN (Nic.). Diss. de remediis quibus
creditoribus contrà debitores contumaces et fugi-
tivos succurritur. *Rostock*, 1633. in-4°.

1444. SCHWENDENDOERFFER (Barth.-Leon.). De
inhibitione in vim Arresti. *Lipsiæ*, 1691. in-4°.

1445. STRUVE (Georg.-Adam). De jure Arresti.
Jenæ, 1675. in-4°.

1446. STRYKIUS (Elia-Aug.). Diss. de apprehensione
debitoris fugitivi. *Kilon.*, 1695. in-4°.

1447. VICILIUS (Chr.-Jac.). De jure personam de-

I.   *l*

bitoris, non obstante concursu creditorum, ex cambio persequendi ac detrudendi in carcerem. *Jenœ,* 1749. in-4°.

1448. Wesser (Andr.). De Salvo conductu judiciali. *Altdorf.*, 1698. in-4°.

1449. Zeidtler (J.-G.). De carcere debitorum. *Altdorf.*, 1679. in-4°.

NEUVIEME DIVISION.

DROIT COMMERCIAL PARTICULIER
DES DIVERS ÉTATS AUTRES QUE LA FRANCE.

PREMIÈRE SUBDIVISION.

Allemagne en général (1).

1450. Ayrer (Georg.-Henr.). De sacri Romani Imperii principe politiam circà Commercia et studia civium suorum rite adornante. *Gotting.*, 1764. in-4°.

1451. Balthasar (Aug.). De Jure peregrinorum singulari circà processum Germ. *Gryphiswald.*, 1742. in-4°.

---

(1) On a placé dans cette subdivision les ouvrages relatifs au droit commercial d'Allemagne, dont le titre n'offroit aucun moyen de les appliquer à l'un des Etats indépendans qui composent actuellement cet empire.

1452. BEHRENDS (Jos.-Corn.). Dissert. inaugural. de cambiis judæorum contrà christianum jurejurando corroborandis. *Giess.*, 1799. in-4°.

1453. BEJER (Adr.). Syntagma juris opificiarii. *Jenæ*, 1686. in-4°.

1454. BEJER (Adr.). De origine, speciebus et interpretatione juris opificiarii. *Jenæ*, 1686. in-4°.

1455. BEJER (Adr.). Tyro prudentiæ juris opificiarii præcursorum emissarius; insignibus accessionibus auctus curâ Fred. Gottl. STRUVII. *Jenæ*, 1683. in-4°.

1456. BEJER (Adr.). Magister prudentiæ juris opificiarii præcursor primarius. *Jenæ*, 1719. in-4°.

1457. BEJER (Adr.). De officinis et tabernis opificum. *Jenæ*, 1691. in-4°.

1458. BEJER (Adr.). De domesticis opificum. *Jenæ*, 1695. in-4°.

1459. BOEHME (Jo.-Gottl.). Progr. de Commerciorum apud Germanos initiis. *Lipsiæ*, 1751. in-4°.

1460. BOHEMER (Jo.-Sam.-Fred.). De cessione nominis à judæo in christianum factâ, vanâ vel irritâ. *Francof.*, 1758. in-4°.

1461. BUNAU (Henr. de). De jure circà rem monetariam in Germaniâ. *Lipsiæ*, 1716. in-4°.

1462. CARRACH (Jo.-Ph.). De regali cudendi monetam jure, ex superioritate territoriale non ex privilegio Imperiali competente. *Hal.*, 1749. in-4°.

1463. CHLADENIUS (Ern. Mart.). Diss. de incrementis et juribus mercatuiæ in Germaniâ. *Vittemb.* 1763. in-4°.

1464. Dreyer (J.-F.) De differentiis juris Romani et Germanici in arrhis emptionum. *Kilon.*, 1747. in-4°.

1465. Estor (Joan. - Georg.). De lubrico juris-jurandi Judæorum. *Marburgi*, 1744. in-4°.

1466. Fricke (Jo.-Henr.). De avariarum discrimine, inprimis ex legibus nauticis Germaniæ septentrionalis. *Kilon.*, 1773. in-4°.

1467. Glocke (Ant.). De nundinis earumque privilegiis. *Marb.*, 1637. in-4°.

1468. Haberkon (Henr.-Petr.). De Nundinis. *Giess.*, 1670. in-4°.

1469. Hensel (S.). Diss. de jure cambiali judæorum. *Francof.*, 1754. in-4°.

1470. Hertling (Joh. -Fred.). De re legibusque numariis , juxtà veterem presentemque Imperii statum. *Heidelberg.*, 1748. in-4°.

1471. Hoffmann (G.-F.). De indossatione cambii à Judæo in Christianum factâ. *Gotting.*, 1801. in-8°.

1472. Hoffmann (God. - Dan.). Von den ältesten Kayserlichen und Landesherrlichen Bücherdruck- oder Verlag Privilegien ; [Des Priviléges impériaux sur l'impression et la vente des Livres]. *Leipsig*, 1778. in-8°.

1473. Hommel (Carol.-Ferdin.). Diss. de Commercio in S. R. I. tempore belli interdicto. *Lipsiæ*, 1745. in-4°.

1474. Horix (Johan.). De jure instituendi nundinas in Imperio Romano et Germanico. *Moguntiæ*, 1752. in-4°.

1475. HORN (Gasp. - Ho.). De prærogativâ morum Germaniæ in concursu cum legibus receptis. *Vittemb.*, 1702. in-4°.

1476. HOYER (Jo.-Henr.). Diss. de Nundinali debitorum privilegio. *Regiom.*, 1698. in-4°.

1477. KAYSER (Jo.-Fred.). De juramento Judæorum. *Giess*, 1747. in-4°.

1478. KUEHLEWEIN (Georg.-Wilh.). De jure Stapulæ. *Lipsiæ*, 1662. in-4°.

1479. KYSSEL (J.-J.). De Nundinis. *Lipsiæ*, 1692. in-4°.

1480. LAUREMBERG (Jac.-Sebast.). Oratio de solemnibus nundinarum ineptiis. *Rostoch.*, 1702. in-4°.

1481. LEDERER (Mich.-Fred.). De jure Stapulæ. *Vittemb.*, 1668. in-4°.

1482. L'ESTOCQ (J.-Ludov.). De indole et jure instrumenti judæis usitati, cui *Mamre* nomen est. *Reg.*, 1735. in-4°.

1483. LIPOLD (Jos.-Chris.). De jure grutiæ. *Martisb.*, 1674. in-4°.

1484. LUDWIG (God.-Th.). Differ. juris Romani et Germanici de opifice exule à pagis. *Hal.*, 1724. in-4°.

1485. LUEBECK (Melch.). De jure Stapulæ. *Regiom.*, 1711. in-12.

1486. LYSER (Chr.). De jure Nundinarum. *Vittemb.*, 1654. in-4°.

1487. MANZEL (Ernest-Jo.-Fred.). Diss. exibens

nonnulla prima juris universalis et Germanici de concursu creditorum. *Rostoch.*, 1752. in-4°.

1488. MAUPINOT (Joh.-Ant.). De jure Grutiæ. *Argent.*, 1750. in-4°.

1489. ORTHLOFF (J.-An.). Corpus juris opificiarii, oder Sammlung von allgemeinen innungs Gesetzen und Verordnungen fur die Handwerker; [Corps de Droit des ouvriers, ou Recueil de principes sur cette matière]. *Erlang.*, 1804. in-8°.

1490. PESTEL (F.-W.). Justitia et benignitas legum Germanicarum ergà peregrinos. *Rinth.*, 1754. in-4°.

1491. PREUSCHEN (Geo.-Ern.-Lud. de). Progr. de juribus mercatorum Italorum in Germaniâ commorantium. *Giessæ*, 1753. in-4°.

1492. RAUMBURGERS (Josep.-Max.).Grundfeste des heil Röm. Reichs und andrer. Königreiche und Staaten, Rechten und Gewohnheiten in Wechsel und Commercien-Sachen, nebst einem Appendice von Assecuranz und See Affairen; [Principes des Lois de l'Empire germanique et d'autres Royaumes et Etats. Droit et coutumes du change et du commerce en général, suivi d'un Appendice sur les Assurances et le Droit maritime]. *Francfort*, 1723. in-4°.

1493. RHETIUS (Jos.-Fred.). De Nundinis solemnibus. *Francof.*, 1661. in-4°.

1494. RICHTER (Christ.-Gotlieb.).De re librariâ in Imperio Germanico ordinandâ. *Lipsiæ*, 1786. in-4°.

1495. ROSSMANN (Andr.-El.). Diss. de valore cambii in Imperio. *Erlang.*, 1765. in-4°.

1496. Roths (J.-T.). Materialien f. d. Handwerker und der handw. polizey; [Matériaux sur les ouvriers et la police des Métiers]. *Nordling*, 1802. in-8°.

1497. Ruhlewein (G,-Guil.). Jus Stapulæ. *Lipsiæ*, 1702. in-4°.

1498. Rumpffius (Jo.). Dissert. de nonnullis conventionibus Germanorum accessoriis, quibus debitores suos arctius obligare nitebantur. *Gotting.*, 1755. in-4°.

1499. Scheidemantel (H.-Gf.). Das Bücherwesen nach Staats-Klugheit Recht u. Geschicte überhauptals auch insbesondere nach röm. deutschen Stats et Privatrechts; [De la condition des Libraires dans un Etat soumis à une exacte surveillance, et principalement dans l'empire d'Allemagne]. *Leipsick*, 1781. in-8°.

1500. Schneider (Gotth.). De Nundinis. *Vittemb.*, 1650. in-4°.

1501. Schneidt (Josep.-Mar.). De eo quod circâ solutiones aut præstationes mutato monetæ valore in imperio Romano-Germ. *Vittemb.*, 1771. in-4°.

1502. Schott (J.-Adam). Incrementa et jura mercaturæ in Germaniâ. *Vittemb.*, 1763. in-4°.

1503. Schreiber (F.-G.). De invaliditate librorum mercaturam concernentium judaïcâ, linguâ conscriptorum. *Marburg.*, 1766. in-4°.

1504. Schwabe (Car.-Henr.). Diss. inaug. de coloniis mercatorum in Germaniâ. *Lipsiæ*, 1781. in-4°.

1505. SCHWEIZER (Gotlieb.-Sigism.). De validitate contractuum tam in genere quàm in specie cambialium cum judæis initorum, *Giess.*, 1739. in-4°.

1506. SENCKENBERG (Henri-Christ.). De juribus ac privilegiis dotium illatorumque in concursu creditorum tùm in genere tùm in specie quoad mulieres judæas. *Giess.*, 1729. in-4°.

1507. SPEIMANN (Jo.). De Stapulâ. *Corbach*, 1667. in-4°.

1508. STEMLER (Chr.-Gotth.). De jurejurando secundùm disciplinam Hebræorum. *Lipsiæ*, 1736. in-4°.

1509. STRUVE (Georg.-Adam.). Decisiones CXXI Juris opificiarii. *Jenæ*, 1711. in-4°.

1510. STRUVE (Fred. - Gottl.). Systema jurisprudentiæ opificiariæ in formam artis, redactum ex scriptis et mss. Adr. BEJERI, simul illustratum et infinitis supplementis adauctum. *Lemgow.*, 1738. 3 vol. in-4°.

1511. THILON (Jo.-Chr.). Diss. de diversorum opificiorum confusione Germaniæ parum proficiente adeòque non permittendâ. *Gotting.*, 1737. in-4°.

1512. THOMA (Jo.). De Nundinis. *Jenæ*, 1650. in-4°.

1513. UHL (Lud.). De jure cambiali judæorum. *Francof.*, 1754. in-4°.

1514. WIESAND (Georg.-Steph.). De ratione interpretandi privilegia Nundinarum solemnium. *Lipsiæ*, 1764. in-4°.

1515. WILDVOGEL (Christ.). De juramento judæorum. *Jenæ*, 1720. in-4°.

1516. WOLD (H.). Diss. specimen privilegiorum opificum falsò meritòque suspectorum. *Kilon.*, 1751.
in-8°.

1517. Rei Monetariæ in Imperio Germanico status
hodiernus. *Norimb.*, 1665. in-12.

———

DEUXIÈME SUBDIVISION.

Angleterre.

1518. ATCHESON (Nathaniel). Report of the Case
Havelock v. Rockvood respecting the captures of
schips; [Rapport de M. Atcheson, dans le procès
d'Havelock contre Roockvood, relatif aux prises].
London, 1800. in-8°.

1519. BAYLEY (Joh.). Short Treatise on the laws
of bills of exchanges; [Petit Traité sur les Lettres
de Change]. *London*, 1799. 1 vol. in-8°.

1520. BEARD (Henry). Cursory Remarks on the Laws
with respect to the emprisonement of debtors;
[Courtes Observations sur les Lois concernant la
Contrainte par corps]. *London*, 1801. in-8°.

1521. BELL (C.-J.). Treatise on the Law of Bankrupt in Scotland; [Traité sur les Faillites en Ecosse].
London, 1804. in-4°.

1522. BEVAN (Rich.). Observations on the Law of
arrest and imprisonment for debt; together with a
short stechs of a plan for an amendment of that law;

[Observations sur la loi de l'emprisonnement pour dettes, suivies d'une dissertation sur les améliorations à y apporter]. *London*, 1781. in-8°.

1523. BILLINGHURST (Georges). Judge's resolutions upon the several statuts concerning bankrupts; [Résolutions des Juges sur plusieurs statuts concernant les Faillites]. *London*, 1676. in-8°.

1524. BLAGRAVE (Joh.). Law for regulating bills of exchanges elucitated by general rules and observations; [Lois sur les Lettres de Change, expliquées par des règles et des observations générales). *London*, 1 vol. in-12.

1525. BOSWELL (Pac.). The cases of the appellant and respondent in the causes of litterary Propriety, before the house of Lords; [Procès en demandant et défendant, sur des questions relatives à la propriété littéraire, etc.]. *London*, 1773. in-8°.

1526. BREWER (Geo.). Prospectus of new Law between debtor and creditor ; [Plan d'une nouvelle loi sur les rapports du débiteur et du créancier]. *London*, 1806. 1 vol. in-8°.

1527. BROWNE. The Laws against ingrossing forstel ling regreting et monopolizing; [Des Lois contre le Monopole et les Accaparemens]. *London*, 1765. in-8°.

1528. BURGES (J.-B.). Considerations on the law of insolvency, with a proposal for a reform; [Remarques sur la loi relative aux débiteurs insolvables, et projet de réforme]. *London*, 1783. 1 vol. in-8°.

1529. BURN (J.-J.). Treatise or Summary of the law

relating to stock gobbing; [Traité ou Précis sur la loi de l'agiotage]. *London*, 1803. 1 vol. in-8°.

1530. BURROW (Jac.).The Questions concerning litterary Propriety determined by the court of King's bench; [Questions relatives à la propriété littéraire, jugées par la Cour du Banc du Roi]. *London*, 1773. in-8°.

1531. CECILERG (Wil.). Every Bankrupter, his own lawyer or the trader complet assistant in matters of bankrupts; [Le Banqueroutier, son propre avocat, ou le commerçant parfait dans les affaires de banqueroutes]. *London*, 1783. in-8°.

1532. CLARKE (Franc.). Praxis Curiæ Admiralitatis Angliæ. *Londini*, 1667. in-8°.

1533. CONCANNON (Matth.). Plan for the effectual distribution of banckrupter estates; [Plan pour la distribution réelle des biens d'un failli]. *London*, 1801. 1 vol. in-8°.

1534. COOKE (Will.). Bankrupt Law; [Loi sur les Banqueroutes]. *London*, 1814. 2 vol. in-8°.

1535. CULLEN (Arch.). Principles of the Bankrupt Law; [Principes sur la Loi des Banqueroutes]. *London*, 1801. 1 vol. in-8°.

1536. CUNNINGHAM (Th.). Law upon bills of exchanges, promissory notes, banknotes and insurances; [Loi sur les lettres de change, obligations, billets de banque et assurances]. *London*, 1778. 1 vol. in-8°.

1537. DAVIES (Thom). Laws relating to Bankrupts with several special cases; [Lois relatives aux Banqueroutes et à quelques cas spéciaux]. *London*, 1746. 1 vol. in-fol.

1538. EXTON (J.). The maritime Dicœologie or Sea-juridiction of Ingland; [La Dicéologie maritime, ou la Juridiction de la Mer en Angleterre]. *London*, 1664. 1 vol. in-fol.

1539. GODOLPHIN. Wiew of the Admiralty Juris-diction; [Précis sur la Juridictiou de l'Amirauté]. *London*, 1685. in-4°.

1540. GOODENG (Thom). Law against Bankrupts where the statuts againts Bankrupts are explained; [Loi contre les Faillis, à la suite de laquelle on explique les statuts portés contre eux]. *London*, 1741. in-8°.

1541. GREENS (Edw.). Spirit of the Bankrupts Laws; [Esprit des Lois sur les Banqueroutes]. *London*, 1780. in-8°.

1542. HORN (Thom). Compendium of the statute laws and regulations of the Court of Admiralty relative to ships of war: [Abrégé du Statut et des Règlemens de la Cour d'Amirauté sur les vaisseaux de guerre]. *London*, 1803. 1 vol. in-8°.

1543. JENKINSON OF LIVERPOOL. Discourse on the conduct. of Great Britain in respect to neutral Nations; [Discours sur la conduite de la Grande-Bretagne à l'égard des nations neutres]: *London*, 1801. in-8°.

1544. ILLINGWORTHS (Williams). Laws ancient and modern, respecting forestalling regrating and ingrassind, together with adjuged cases, copies of original records and proceding in Parliament relative to ther subjet; [Lois anciennes et modernes concernant les marchands en détail, les questions jugées, titres originaux, procédures faites devant le Parlement, relatives à cette matière]. *London*, 1800. 1 vol. in-8°.

1545. LOVELASS (Peter). Rule clear, and famileare explanation of the Law concerning bills of exchange, promissory notes and the evidence on a trial by jury, etc., relative there to with on description of bank-notes and the privilege of attornay; [Explication simple des lois concernant les lettres de change et obligations, démontrée par un procès soutenu devant les jurés, et Notice sur les billets de banque et les priviléges des procureurs]. *London,* 1793. 1 vol. in-8°.

1546. MACDONALD (Thom.). Treatise on civil imprisonnement in England, with the history of its progress and objections to its policy, and an Appendix of notes; [Traité sur l'Emprisonnement en matière civile, en Angleterre; histoire de ses progrès; observations sur ses règles; suivi de notes]. *London,* 1791. 1 vol. in-8°.

1547. MONTAGUES (Basile). Digest of the Bankrupt Laws; [Recueil des Lois sur les Banqueroutes]. *London*, 1805. 4 vol. in-8°.

1548. MONTEFIORES (Joseph). Commercial and notarial procedente with un abstract of the law relating to billet of exchange and schipping; [Formu-

laires commerciaux et notariés, suivis d'un extrait
des lois sur les lettres de change et sur la navigation].
London, 1801. 1 vol. in-4°.

1549. MONTEFIORES (Joseph). Spirit of the Bankrupt Laws; [Esprit des Lois sur les Banqueroutes].
London, 1805. 1 vol. in-8°.

1550. PAUL (Joh.). Systeme of the Law relatives
to Bankrupts; [Système des Lois sur les Banque-
routes]. *London*, 1776. 1 vol. in-8°.

1551. REEVES (Joh.). Law of shipping and navigation; [Loi relative à l'embarquement et à la navi-
gation]. *London*, 1807. in-8°.

1552. ROBINSON (Chr.). Reports of cases argued and
determined in the high court of Admiralty com-
mencing vith the judgements of Admiralty; [Col-
lection de questions jugées par la haute Cour
de l'Amirauté]. *London*, 1806—1810. 7 vol.
in-8°.

1553. ROBINSON (Chris.). Collectanea maritima, a
Collection of public instruments on prize Laws;
[Collection maritime, ou Recueil des Lois sur les
Prises]. *London*, 1801. in-8°.

1554. ROSE (George). Reports of cases in Bankrupters;
[Procès sur des matières de Banqueroutes]. *London*,
1817. 1 vol. in-8°.

1555. SCARTLET (John). Style of Exchange, containing both their law and costum as praticed in the
most considerable places of exchanges in Europe;
[Style de Change, contenant ses lois, coutumes,

la manière dont il est pratiqué dans les principales places de l'Europe, etc.] *London*, 1684. in-8°.

1556. Scotts (Wil.). Banckrupts Laws ; [Lois relatives aux Faillites]. *London*, 1786. 1 vol. in-8°.

1557. Smith. Summary of the Laws of insolvent debitors ; [Sommaire des Lois sur les débiteurs insolvables]. *London*, 1684. in-8°.

1558. Sommers (lord). Argument on his giving judgement in the bankers cases on the Exchequer Chamber, the 23 june 1696 ; [Réflexions sur le Jugement rendu dans l'affaire d'un banquier, à la Cour de l'Echiquier, le 23 juin 1696]. *London*, 1733. in-4°.

1559. Steel (David). The Schips maester assistant ; [Le Guide du Navigateur]. *London*, 1817. in-8°.

1560. Stones. Reading of the Statutes of Banckrupts 13 Elizab. chap. 5 ; [Explication du chap. 5 des Statuts d'Elizabeth sur les Faillites]. *London*, 1698. in-8°.

1561. Turnois (Thomas). Case of the Banquers and Creditors stad examined ; [Position des Banquiers et des Créanciers examinée et déterminée], *London*, 1675. in-8°.

1562. The Laws, Ordinances and Institutes of the Amiralty of Great-Bretagne ; [Lois, Ordonnances et Coutumes de l'Amirauté de la Grande-Bretagne]. *London*, 1746. 1 vol. in-8°.

1563. General Treatise of naval trade and Commerce

founded on the laws and statuts of the Realm, undue proper heads compiled from the several acte of Parliament and cases determined at Wesminster and brougth down to the present time; [Traité général du Commerce maritime, basé sur les lois et statuts du Royaume, etc.]. *London,* 1755. 2 vol. in-8°.

1564. Laws for and against Banckrupts by a commissairy of banckrupters; [Lois pour et contre les Banqueroutes, par un ci-devant commissaire de banqueroute]. *London,* 1742. 1 vol. in-8°.

1565. Observations on state of Bankrupts under the present laws; [Observations sur l'état des Banqueroutes d'après les lois actuelles]. *London,* 1760. in-8°.

1566. General systeme of the Bankrupts Laws; [Système général des Lois sur les Banqueroutes]. *London,* 1761. 2 vol. in-8°.

1567. Considerations on a Commission of Bankrupts; [Réflexions sur la Commission des Banqueroutes]. *London,* 1789. 1 vol. in-8°.

1568. Considerations upon Commissions of Banckrupts; [Réflexions sur les Commissions des Banqueroutes]. *London,* 1727. 1 vol. in-8°.

1569. Complet System of the Laws concerning Banckrupts, etc., by a commissionner of bankrupts; [Système complet des Lois sur les Banqueroutes, etc., par un commissaire des banqueroutes]. *London,* 1768. in-8°.

1570. Epitome of the Law relating to Banckrupts;

[Abrégé des Lois relatives aux Banqueroutes].
London, 1808. in-8°.

1571. Sollicitor's Guide and tradesman's instructor
concerning Banckrupts, containing the laws relating
thereto ; [Guide du plaideur et du commerçant
dans les Banqueroutes, et contenant les lois y rela-
tives]. *London*, 1781. in-8°.

1572. Succint Digest of the Laws relating to the Bankrupts; [Collection succincte des Lois sur les Ban-
queroutes]. *London*, 1794. in-8°.

1573. Remarks on the operation and consequence
of the Law for the recovery of debts ; [Remarques
sur les conséquences de la Loi relative au recou-
vrement des dettes]. *London*, 1806. in-8°.

1574. Reasons for settling Admiralty Jurisdiction and
giving encouragement to merchants, etc. ; [Motifs
pour fixer la juridiction de l'Amirauté et encoura-
ger les marchands, etc.] *London*, 1692. in-4°.

1575. Trader's Save-Guard, or a full, clear, and familiar explanation of the law concerning bill of exchanges, promissory notes and the evidence on
a trial by jury, etc.; [La Sauve-garde du Négociant,
ou l'interprétation entière, claire et simple de la
loi sur les lettres de change et les billets portant
promesse, et son application facile par les jurés, etc.]
London, 1796. in-8°.

1576. Un Acte for the encouragement of learning by
westing copies of printeds books in the autheurs
and purcharsers ; [Acte pour l'encouragement des

I.   *m*

productions de l'esprit, accordant le droit exclusif de les publier aux auteurs ou à leurs cessionnaires]. *London*, 1710. in-8°.

1577. Reflections upon Naturalization, Corporations and Companies; [Réflexions sur la Naturalisation, les Corporations et Compagnies]. *London*, 1753. 1 vol. in-8°.

1578. Points in Law and equity selected for the information, and direction of all persons concerned in trade and Commerce; [Questions de Droit, recueillies pour l'instruction des personnes intéressées dans le Commerce]. *London*, 1792. in-8°.

TROISIÈME SUBDIVISION.

Autriche et ses dépendances.

1579. BARTHENHEIM (Berth.). Oesterreichische Geverbs u. Handels Gezetzkunde mit vorzügl. Rücksicht auf das Erzherzogthum Oesterreisch unter der Ems; [Jurisprudence des Métiers et du Commerce, surtout par rapport à l'archiduché d'Autriche, au-dessous de l'Ems]. *Vienne*, 1820. in-8°.

1580. BECK (Jo.-Adam.). Dissert. ad ordinationem Cambialem Noricam. *Altdorf.*, 1715. in-4°.

1581. KOSCHACK (Aldob.). Das Oesterreichische Wechselrecht in einer prakt. Abhandlung; [Dissertation pratique sur le Droit de Change Autrichien]. *Grätz*, 1804. in-8°.

1582. SONNLEITHNER (Ignace). Lehrbuch des Oesterreichischen Handels u. Wechselrechts verbunden

mit den gesetzl. Vorschriften über die gewöhnlichsten
Rechtsverhältnisse der Handelsleute ; [Cours de
Droit commercial et de Change Autrichien, avec
les ordonnances les plus usuelles dans les matières
commerciales]. *Vienne* 1820. in-8°.

1583. WEGELIN (J.-R.). Oestereichisches Wechsel
Recht oder Wienerische Wechsel-Ordnung allenthal-
ben mit dienlichen und nöthigen Anmerkungen ;
[Droit de Change Autrichien, ou Ordonnance de
Vienne, sur le Change, avec des remarques utiles
et nécessaires]. *Lindau*, 1719. in-8°.

1584. Codice per la Veneta mercantile Marina ; [Code
pour la Navigation marchande de Venise]. *Venezia*, 1786. 1er et 2e supp., 1789 et 1792. in-4°.

1585. Editto politico di Navigazione mercantile Aus-
triaca ; [Édit relatif à la Navigation marchande de
l'Autriche]. *Venezia*, 1816. 1 vol. in-4°.

1586. Collegii Papiensis Consilium in materiâ aug-
menti monetarum. *Colon.*, 1591. in-8°.

1587. Statuta domus mercatorum Veronæ. *Venet.*,
1598. in-8°.

QUATRIÈME SUBDIVISION.

Bavière.

1588. HORIX (Jo.). Historica Nundinarum Mogunti-
narum delineatio testimoniis dignis fide instructa.
Mogunt., 1752. in-4°.

1589. MOSSHAMMER (Fr.-Xav.). Einleitung in das
gemeine Baiersche Weschselrecht ; [Introduction

au Droit de Change de la Bavière]. *Ratisb.*, 1803. in-8°.

1590. MULLER (Jo.-Georg.-Sigism.). De Legibus Norimbergensibus ad mercaturam compositis. *Altdorf.* 1793. in-4°.

1591. SCHOEPFFER (Volf.-Adam.). Dissertatio sistens non nullas juris communis et statuarii Ulmensis differentias in processu concursus creditorum. *Tubing.*, 1736. in-4°.

CINQUIÈME SUBDIVISION.

Brunswick.

1592. HURLEBUSCH (Aug.-Ferdin.). Diss. inaug. de exceptione Senatusc. Velleïani et auth. *si quœ mulier* in cambiis jure Brunswicensi cessante. *Gotting.*, 1778. in-4°.

1593. RAHN (Jo.-W.-Hen.). Ub. die Unzulâssigkeit der Einrede des Anastasiasnischen Gesetze gegen Wechselfororderungen nach gem. Rechte besondere Rücks. auf d. hzgl. Braunschweig-Wolfenbüttel. Wechselordn.; [De l'inadmissibilité de l'exception Anastasienne dans les matières de change, d'après les lois germaniques et les statuts de Brunswick]. *Culeman*, 1802. in-8°.

1594. SCHOENIJAHN (H.-K.). Ub. d. Zulâssigkeit d. Einrede d. Anastasianischen Gesetzes gegen Wechselforderungen nach gem. u. Braunschweig Wolfenbüttel Recht; [De l'inadmissibilité de l'exception Anastasienne dans les matières de Change, d'après

les lois germaniques et les statuts de Brunswick].
Albrecht, 1802. in-8°.

1595. WOLFFRAMM (K.-J.-Gli.-V.). Die Braunsch-
weigsche Wechselordnung herausg. mit Anmerk.
und Beilagen; [Collection des Statuts de Brunswick sur le Change, augmentés et expliqués].
Brunswick, 1792. in-8°.

SIXIÈME SUBDIVISION.

Danemarck.

1596. EGGERS (Car.-Ulr.): Aktenst. über das Mis-
verstāndn. zw. Dânemarck und England über die
Nordische Neutralit. Convent.; [Pièces relatives à la
mésintelligence entre le Danemarck et l'Angleterre,
sur la convention neutre des puissances du Nord].
Copenhagen, 1802. 1 vol. in-8°.

1597. HADORPH (Jo.). Then Gambla Wysby Sioe-
Ratt; [Des Lois de Wisbuy]. *Stockholm*, 1689.
in-fol.

1598. MAZIEN (Thom.-Ant. de). Tableau des Droits
et Usāges du Commerce. *Copenhague*, 1776. in-8°.

1599. Jus maritimum Danicum. *Hafn.*, 1642. in-4°.

1600. Jus nauticum Frederici II. *Hafn.*, 1643. in-4°.

1601. Ueb. die neulich entdekte Zettelverfälschung
auf die Schleswig-Holsteinsche Bank zu Altona,
Begleitet mit einigen Betrachtungen über die Ver-
bindlichkeit der Banken in Rücksicht der Achtheit
ihrer Noten; [De la contrefaçon des billets de la

banque de Sleswig - Holstein à Altona, nouvellement découverte, avec quelques remarques sur les
obligations des Banques par rapport à l'authenticité
de leurs billets]. *Altona*, 1801. iu-8°.

SEPTIÈME SUBDIVISION.

Espagne.

1602. Baeza *alios* Beati (Gasp.). Tr. de Debitore
inope ex Castellanâ consuetudiue creditoribus addi-
cendo. *Granatœ*, 1570. in-fol.

1603. Ramos del Manzano (Franc.). Enarrationes
ad tit. Cod. de Navicularjis, Juncto titulo X, lib. VII,
— Regiæ compilationis. In Thes. *Meermaniano*,
t. VII.

1604. Vestia-Linange (Jo.). Norte de la Contratacion dellas Indias Occidentales; [Guide du Commerce des Indes Occidentales]. *Seviglia*, 1672.
in-4°.

1605. Ordenanzas de la ilustre Universidad y casa de la
Contratacion de la villa de Bilbao ; [Ordonnances
du Commerce de Bilbao]. *Bilbao*, 1819. 1 vol. in-fol.

1606. Ordenanzas para el Prior y Consules, de la universidad de los Mercaderes de la ciudad de Sevilla ;
[Ordonnances pour les Prieurs et Consuls des Commerçans de Séville]. *Seviglia*, 1678. in-4°.

HUITIÈME SUBDIVISION.

Etats Romains et autres Principautés d'Italie.

1607. Corradin (Petr.-Marc.). De Jure prælationis

cum sacræ Romanæ Rotæ decisionibus. *Genev.*, 1717. in-fol.

1608. Statuta, Ordinationes et Facultates Universitatis Merciariorum urbis Romæ. *Romæ,*1623. in-4°.

1609. Statuti della Corte dei Mercadanti della cità di Lucca; [Statuts de la Cour des Marchands de la ville de Lucques]. *Lucca*, 1557. in-4°.

1610. Collezione dei Statuti di Mercanzia di Firenza e di Livorno; [Collection des Statuts de Commerce de Florence et de Livourne]. *Livorno*, 1798. 1 vol. in-4°.

NEUVIÈME SUBDIVISION.

Etats-Unis d'Amérique.

1611. CAINES (Georg.). An enquiry in tho the Law marchant of the United-States; or Lex mercatoria Americana; [Recherches sur les Lois commerciales des Etats-Unis]. *New-Yorck*, 1802. 2 vol. in-8°.

1612. PETER (T.-R.). Admiralty's decisions in the district court of the United States for the Pennsylvania district, comprising also some decisions in the same court, by the late Francis HOPKINSON; [Décisions de l'Amirauté du district des Etats-Unis d'Amérique, pour la province de Pensylvanie, comprenant aussi quelques décisions de la même cour déjà recueillies par Hopkinson]. *Philadelphie*, 1807. 2 vol. in-8°.

1613. Naval Regulations issued by command of the president of the United-States of America; [Règlemens sur la Marine, rédigés par le président des Etats-Unis d'Amérique]. *Washington*, 1809. in-12.

1614. Report of the secretary of the navy concerning Bills of exchange, purviance, etc. ; [Rapport du secrétaire de la marine sur les Lettres de Change et la provision, etc.]. *New-Yorck*, 1811. in-8°.

DIXIÈME SUBDIVISION.

Mecklenbourg.

1615. CARMON (Jacob), De separatione bonorum in creditorum concursu ad quinquennium non restrictâ. *Rostoch.*, 1734. in-4°.

1616. MANTZEL (Ernest-Jo.-Fred.). Diss. de Juribus singularibus in Megapoli circà processum concursus creditorum. *Rostoch.*, 1738. in-4°.

1617. MANTZEL (Ern.-Jo.-Fred.). Diss. de Jure prælationis priorum corporum aliisque eorum juribus singularibus in Megapoli, maximè in concursu creditorum. *Rostoch.*, 1740. in-4°.

ONZIÈME SUBDIVISION.

Naples.

1618. JORIO (Mich.). Codice Ferdinando, o Codice marittimo; [Code Ferdinand, ou Code maritime]. *Napoli*, 1781. 4 vol. in-fol.

DOUZIÈME SUBDIVISION.

Pays-Bas.

1619. BACKER (Corn.). De periculo quod assecura-
toris est. *Groningæ*, 1821. in-8°.

1620. DONKER (P.-G.). Tractatus de Jure Nundinarum Belgicarum. *Amstelodam.*, 1766. in-8°.

1621. TIASSENS (Jo.). Zee Politie der vereend. Neder-
landen ; [Police de la mer des Pays-Bas]. *Haguen*,
1670. in-4°.

1622. VERWERS (Adrian). Nederlands zee Regeln ;
[Lois maritimes des Pays-Bas]. *Amsterdam*,
1716. in-4°.

1623. WESTERWEN (Abrah.). Dissertationes de jure
quod competit societati privilegiatæ fæderati Belgii
ad navigationem et commercia Indiarum orienta-
lium adversùs incolas Belgii Hispani, hodiè Aus-
triaci. *Lipsiæ*, 1724. in-4°.

1624. Anonymi Wechselhandlung oder Bericht, was
allen Kaufleuten in Wechselsachen zu wissen nö-
thig aus dem Holländischen ; [Commerce de Change,
ou Avis adressé aux Commerçans intéressés dans
les affaires de change en Hollande]. *Franckfurth*,
1699. in-4°.

TREIZIÈME SUBDIVISION.

Portugal.

1625. CASSEL (J.-Ph.). Privilegia und Handlungs-
Freiheiten, welche die Könige von Portugal ehedem
den deutschen Kaufleuten zu Lissabon ertheilt haben

haben; [Priviléges que les Rois de Portugal ont accordés autrefois aux commerçans Allemands à Lisbonne]. *Bremen*, 1771. in-4°.

QUATORZIÈME SUBDIVISION.

Prusse.

1626. BOEHMER (J.-S.-F.). Diss. de indole et præstantiâ commercii in montanis Silesiæ regionibus. *Francof.*, 1753. in-4°.

1627. GRATTENAUER (K.-F.-W.). Ub. d. älteren u. neuren Wechsel Gesetze D. Stadt Breslau; [Commentaire sur le Droit de Change ancien et moderne de Breslau]. *Bresl.*, 1806. in-8°.

1628. LAMPRECHT (J.-F.). Von der Cameralverfassung und Verwalt. der Handwerke, Fabriken ü. Manufacturen in d. Preussischen Staaten, u. insonderh. in der Kurmarck Brandenburg; [De la constitution économique des Etats, et de l'administration des métiers, fabriques et manufactures dans les Etats Prussiens, et surtout dans la Marche électorale de Brandebourg]. *Berlin*, 1797. 2 vol. in-8°.

1629. L'ESTOCQ (J.-L.). Erlaüterung der allgemeinen und Preussischen Wechselordnung; [Commentaire de l'Ordonnance sur les lettres de change pour les Etats Prussiens]. *Konigsberg*, 1736. in-4°.

1630. L'ESTOCQ (J.-Lud.). Auszug der Historie des allgemeinen und Preussischen Seerechts, und der damit verbundenen Römisch Deutschen Rechte, etc.;

[Extrait de l'Histoire du Droit maritime commun et de celui de la Prusse, joint au Droit maritime Romain-Allemand, etc.]. *Konigsberg*, 1753. in-4°.

1631. SAHME (R.-F. Von). Einleitung zum Seerecht des Kœnigreichs Preussen; [Introduction au Droit maritime du royaume de Prusse]. *Regiomont*, 1731, in-8°.

1632. SCHALL (Jo.-Eberh.-Fred.). Zusâtze zu Vangerow Entwurf des Wechselrechts; [Addition à l'Essai de *Vangerow* sur les Lettres de Change]. *Hal.*, 1775. in-8°.

1633. SCHULIN (Jo.-Fr.-Gab.). Meditationes ad selectas quasdam differentias Juris communis et Brandeburgico-Baruthini in materiâ de concursu creditorum. *Moguntiœ*, 1787. in-4°.

1634. SCHWARTZ (Sam.). Diss. de convenientis et disconvenientis quibusdam Juris civilis et Prutenici in materiâ cessionis bonorum. *Regiom.*, 1740. in-4°.

1635. VANGEROW (Gottl.-Guill.). Entwurf des Wechselrechts nach den Grundsâtzen der Preussischen Staaten; [Essai sur le Droit de Change, d'après les principes des Etats Prussiens]. *Halœ*, 1773. in-8°.

1636. VANGEROW (Guill.-Gotth.). Ergânzungen und Anmerkungen über seinen Entwurf des Wechselrechts; [Additions à l'Essai sur le Droit de Change]. *Halœ*, 1776. in-8°.

1637. Allgemeines Preussisches Handlungsrecht ; [Droit de Commerce universel pour la Prusse]. *Dortmund*, 1800. in-4°.

1658. Bergische Wechsel Ordnung ; [Règlemens de Change de Berg]. *Leipsig* , 1805. in-8°.

___

QUINZIÈME SUBDIVISION.

Russie.

1639. DILTHEY (Ph.-Henr.). Elementa Juris Cambialis Russici necnon Suecici. *Moscoviœ*, 1768. 1 vol. in-4°.

1640. KOPITZ (Mart.-Ad.). Darstellung d. in Russl. 1780, gegründeten System der bewaffneten Neutralität ; [Exposition du Système de la Neutralité armée, fondée en Russie en 1780]. *Prague*, 1810. in-8°.

1641. SIEGEL. Selectæ Juris Rigensium Cambialis capita. *Lipsiœ*, 1751. in-4°.

1642. Neue Wechsel Ordnung auf aller gnädigsten Befehl ihro Kaiserl. Majest. an der Commission des Commercien abgefasset ; [Nouvelle Ordonnance sur le Change, adressée par l'Empereur de Russie à la Commission du Commerce]. *Petersbourg*, 1729. in-4°.

1643. Kayserlich Russisches Banqueroutir-Reglement publicirt ; [Règlement de l'Empereur des Russies sur les Banqueroutes]. *Pétersbourg*, 1740. in-4°.

1644. Russischen Kserl. Ordnung der Handels Schiffahrts auf Flüssen und Meere ; [Ordonnance de l'Empereur de Russie sur la Navigation maritime intérieure]. *Leipsig*, 1782. 1 vol. in-8°.

___

SEIZIÈME SUBDIVISION.

Saxe.

1645. BEYER (Georg.). Dissert. de incommodis quibusdam concursus creditorum in foro Saxonico. *Vittemb.*, 1707. in-4°.

1646. BORN (Joc.-Henr.). Diss. binæ de jure Stapulæ ac Nundinarum civitatis Lipsiæ. *Lipsiæ*, 1739. in-4°.

1647. CLAUSBERGS (C. Von). Universal-regeln der Leipziger Wechsel Negotien ; [Règles générales pour la négociation de Change de Léipsig]. *Leipsig*, 1781. in-8°.

1648. DICK (J.-G.). Comment. de libertate typis libros scribendi præsertim in terris Saxonicis. *Vittemb.*, 1778. in-8°.

1649. HILLIG (Ch.-Godefr.). De vi et usu Legis 32, Statuti Cambialis Lipsiensis in judicandâ præscriptione Cambiorum trassatorum. *Lipsiæ*, 1805. in-4°.

1650. HORN (Casp.-Henr.). De privilegio Jure electorali Saxonico piarum causarum circà usuras in concursu creditorum. *Vittemb.*, 1715. in-4°.

1651. IMMIG (Chr.). Jus Cambiale harmonicum Lipsiaco-Magdeb. *Lipsiæ*, 1707. in-4°.

1652. KIND (H.-G.). De Justitio nundinarum Lipsiensium. *Lipsiæ*, 1792.

1653. KOENIGKE (J.-Chr.). Leipziger Wechselordnung mit Anmerkungen begleitet : [Ordonnance de Leipzig sur les Lettres de Change, avec des notes]. *Leipzig*, 1717. in-4°.

1654. Kustner (God.-Guil.). De menstruâ et annalï præscriptione litterarum cambialium, occasione § 52 Ord. Lips. *Lipsiœ*, 1711. in-4°.

1655. Lyser (Guil.). Dips. de concursu et graduatione creditorum in foro electorali Saxonico concurrentium. *Vittemb.*, 1670. in-4°.

1656. Mencken (Gottf. - Ludov.). Diss. de personis per mandata de ann. 1718 et 1724, cambialiter contrahere prohibitis. *Vittemb.*, 1724. in-4°.

1657. Merbach (J.- D.). Theorie d. Zunftzwanges od. d. Zunftverbietungs-Rechts, nach allg. deutschen u. bes. Kônig. Sâchs. Rechten, u. Vers. e. Kritik d. jetzt in Deutschl. besteh. Zunftverfass. ; [Deux Dissertations sur la théorie de la Contrainte et du droit de défense des Maîtrises, d'après le Droit Allemand, et surtout le Droit de la Saxe royale]. *Leipsig*, 1808. in-8°.

1658. Moessler (J.-Gottf.). Handbuch des Chursâchsischen, Lausitzischen und Hennebergischen Wechselrechts; [Manuel du Droit de Change commun à la Saxe électorale, de Lautzitz et de Henneberg]. *Vittemb.*, 1800. in-8°.

1659. Puttmann (J.-L.). Die Leipziger Wechselordnung mit Anmerkungen begleictet; [Ordonnance sur les Lettres de Change de Leipsig, accompagnée de notes]. *Leipsig*, 1787. in-4°.

1660. Rechenberg (Car.-Otton.). Progr. an Cambium in Saxonicâ post quadriennium penitùs extinguntur, et à naturâ suâ recedat. *Lipsiæ*, 1731. in-4°.

1661. RECHENBERG (Car.-Otton.). Progr. quo temporis momento in Saxonicâ electorali concursus creditorum initium suum sumat? *Lipsiæ*, 1739. in-8°.

1662. RIVINUS (J.-Flor.). Progr. de singularibus quibusdam processus mercatorii Lipsiensis. *Lipsiæ*, 1739. in-4°.

1663. ROSSIG (Carglo). Systematische Darstellung des Leipziger Handelsrechts; [Exposition systématique du Droit commercial de Leipsig]. *Leipsig*, 1796. in-8°.

1664. SCHINCK (Joan.-Chr.). De fundamento judicialis pecuniæ depositionis in processu cambiali Jure Saxonico electorali. *Lipsiæ*, 1725. in-4°.

1665. SEYFFERT (Aug.-Corn.). De Jure Stapulæ et temporis civitatis Dresdensis. *Lipsiæ*, 1805. in-4.

1666. STRECKER (C.-W.). De differentiis inter processum ordinar. et Saxon. et illum sic dictum summarium in judicio mercatorio Lipsiensi usitatum. *Erf.*, 1733. in-4°.

1667. STRECKER (C.-W.). De repudiatione hæreditatis deferendæ ac speciatim Saxonicæ quod ad res uxoris mobiles, à decoctore moto concursu creditorum factâ non validâ. *Erfod.*, 1727. in-4°.

1668. STREIT (Jo. Phil.). Positiones ex jure cambiali potissimum Saxonico. *Erfod*, 1723. in-4°.

1669. ULRICH (Gott.-Christ.). De Constitutione et

adulteratione nummorum secundum Jus Saxon. *Altdorf.*, 1679. in-4°.

1670. VITRIARIUS (Joan.-Jac.). De tribus vitiis equorum capitalibus Sáxonicis. *Jenæ*, 1747. in-4°.

1671. VOIGT (Jo.-Goth.). De præscriptione actionum Cambialium ex Jure Saxonico electorali. *Vittemb.*, 1805. in-4°.

1672. WERKOF (Joan.). De jure et privilegio collectarum in concursibus creditorum in primis electorali Saxonico. *Helmstad*, 1709. in-4°.

1673. WILDVOGEL (Christ.). Diss. de processu creditorum in foro Saxonico ritè formando. *Jenæ*, 1699. in-4°.

1674. ZOLLER (Fred.-G.). Quæ in fraudem creditorum. *Lipsiæ*, 1752. in-4°.

1675. Das Wechsel Recht nach Sâchs. Preuss; [Du Droit de Change saxon et prussien]. *Leipsig*, 1802. in-4°.

DIX-SEPTIÈME SUBDIVISION.

Suède.

1676. FLINTBERG (Jac.-Alb.). Schwed. Seerecht; mit Anmerkk, welche d. neue dahin einschlag. Verordnn. enthalten, nebst Nachweis. d. Obliegenh. d. Schwed. Consuln. u. d. ihnen gebühr. Consulatabgaben; a d. Schwed.; [Droit maritime Suédois, avec des observ. ions puisées dans les nouvelles ordonnances, suivi d'une intruction nouvelle sur les obligations des Consuls de Suède et sur les devoirs du Consulat]. *Röhss.*, 1796. in 4°.

1677. Lund (Car.). De Suenonum cum gentibus Europæis secundùm pacta commerciis. *Upsal.*, 1699. in-8°.

DIX-HUITIÈME SUBDIVISION.

Suisse.

1678. Kapff (Sixt.-Jac.). Diss. de protopraxiâ in concursu creditorum secundùm statuta comitatûs Veldensis. *Tubing.*, 1775. in-4°.

DIX-NEUVIÈME SUBDIVISION.

Villes libres d'Allemagne.

1679. Alleinz (Joan.-Abr.). De pacto partis debiti remissorio majoris partis creditorum secundùm jus civitatis Francofurt. ad Mœn. *Giessæ*, 1736. in-4°.

1680. Balthasar (Aug. de). Collatio Juris communis cum Jure Saxonico, Lubecensi et Mecklenburgico, speciatim Comerianico in concursu creditorum. *Gryphiw.*, 1787. in-4°.

1681. Berck (Theod.). Die französische Wechsel-ordnung verglichen mit den Wechselordnungen Bremens u. Hamburgs, nebst einer historisch. dog-matisch. Enleitung; [Règlemens de Change français comparés avec ceux de Brême et de Hambourg, et Introduction historique et dogmatique]. *Bremen*, 1811. in-8°.

I.

1682. Buchholtz. De limitibus actionis Paulianæ revocatoriæ, maxime de Jure Lubecensi. *Herdov.*, 1756, in-4°.

1683. Busch (J.-G.). La Banque d'Hambourg rendue facile aux étrangers. *Paris*, 1801. 1 vol. in-8°.

1684. Cordes (Ant.). De ordine quorumdam creditorum in peculiari concursu ex statuto Hamburgico. *Altdorf.*, 1726. in-4°.

1685. Focke (Christ.). Adumbratio Juris mercatorii privati reipublicæ Bremensis. *Goett.*, 1797. in-4°.

1686. Franck (Jo.-Christ.). Diss. de induciis ad Literas Cambiales solvendas earundem termino addi solitis, occasione Statut. Hamburg., lib. II, tit. VII, art. 4 et 12. *Hal.*, 1715, in-4°.

1687. Fricke (J.-H.). Comparat. Juris nautici Rigensis et Hamburgensis antiqui in materiâ avariarum. *Kilon.*, 1773. in-4°.

1688. Friesen (Joan.-Bern.). De differentiis Juris communis et statutorum Francofurtentium in materiâ de privilegiis ac prioritate creditorum. *Jenæ*, 1721. in-4°.

1689. Gerckens (Paul.). Delibata quædam ad tit. XVI part. II Statut. Hamburgens. ubi agitur de avariâ. *Groning.*, 1721. in-4°.

1690. Gries (Joh.-Mich.). Diss. de indossatione litterarum Cambialium secundùm Jus Hamburgensium, communi in auxilium vocato. *Gotting.*, 1795. in-4°.

1691. Gries (Joh.-Lud.). De studiis Hamburgensium promovendi commerciâ suâ, tam in jure publico quam in privato jure conspicuis. *Gotting.*, 1792. in-4°. — Le même ouvrage, en allemand. *Hamburg.*, 1795. in-8°.

1692. GRIES (J.-L.). Ub. d. Nothwendigkeit u. d. Errichtung ein Handelsgerichts; [De la nécessité et de l'établissement d'un Tribunal de Commerce à Hambourg]. *Hamburg.*, 1798. in-8°.

1693. GUELICH (Rud.). De termino à quo præscriptionis actionis ex contractu assecurationis secundùm ordinationem assecurationis Hamburgensem. *Gotting.*, 1776. in-4°.

1694. HAGEMEIR (Joach.). De Fœdere civitatum Hanseaticarum. *Francof.*, 1662. in-4°.

1695. HASSE (Joan.-Math.). De indole atque effectibus instrumenti adsecurationis quod vulgò *Polizzam* vocant, præsertim ex jure Hamburgensi spectati. *Gotting.*, 1796. in-4°.

1696. HOFFMANN (J.-A.). De differ. jur. Camb. imp. et civitatis Bremensis. *Marb.*, 1767. in-4°.

1697. KLEFECKER (Fr.-M.). Von der Haverey grosse oder extraordinaire, besonders der Reichstadt Hamburg; [Des Avaries grosses et extraordinaires, considérées principalement d'après la législation commerciale de Hambourg]. *Gotting.*, 1798. in-8°.

1698. KURICKE (Rein.). Jus maritimum Anseaticum. *Gotting.*, 1667. in-4°.

1699. LANGENBECK (Henr.). Anmerckungen über das Hamburg - Schiff.-und Seerecht; [Notes sur le Droit maritime de la ville de Hambourg]. *Hamburg.*, 1774. in-4°.

1700. Lehnemann (J.-Ben.). Nundinarum Mæno-
Francofurtensium historia , jura et privilegia.
Lipsiæ, 1738. in-4°.

1701. Luehrsen (K.-O.). Diss. de proxenetis publicis
ex Jure Germanico præsertim Hamburgensi specta-
tis. *Gotting.*, 1795. in-4°.

1702. Lutterloh (J.-O.). De statutis collegiorum
opificum eorumque usu et abusu, speciatim jure
Hamburgensi. *Gotting.*, 1719 et 1759. in-4°.

1703. Mantzel (Ernest-Jo.-Frid.). Diss. de Leva-
mine singulari inopiæ debitorum Jure Hamburgensi
introducto. *Rostoc.*, 1744. in-4°.

1704. Misler (frères). Essai sur le Droit de Hambourg
touchant les Faillites. *Genève* et *Paris*, 1781. in-12.

1705. Misler (Jo.-Gottfr.). Diss. de quærelâ et
exceptione non numeratæ pecuniæ in Cambiali negotio maximè ad Jura Hamburgensia applicatâ.
Giess., 1747. in-4°.

1706. Orth (Ph.-Fred.). Von den zwey Franckfur-
ter Reichsmessen ; [Des deux Foires de Francfort].
Franck., 1765. in-4°.

1707. Post (de). De curâ civitatis Bremensis circà
rem nauticam. *Gotting.*, 1780.

1708. Quistorp (Jo.-Chr.). Diss. de fœminâ mercatrice, ad tit. VIII Juris Hamburg. *Buzow.*, 1799.
in-4°.

1709. Rentzel (E.). Quando Jure Hamburgensi in
causis mercatoriis aditus ad suprema Imp. tribuna-
lia pateat. *Gotting.*, 1796. in-8°.

1710. RHEDEN (Gasp.). De Statutis Bremensibus ad Mercaturam compositis. *Bremœ*, 1724. in-4°.

1711. ROULAND (R.). Dissertation sur le Règlement des assurances de Hambourg. *Hamburg.*, 1630, in-12.

1712. SIEVERS (Jac.), De sapientiâ conditorum Juris Lubecensis in æquilibrio inter jura et obligationes fœminarum, præcipuè habitâ commercii ratione. *Jenœ*, 1803. in-4°.

1713. SIEVERT (Joan.-Jac.). De Contractu pignoratitio Hamburgensi, *Jenœ*, 1769. in 4°.

1714. SPAN (J.-Lud.). Der heil. Reichs-Stadt Franckfurt Wechselrecht; [Droit de Change de la ville de Francfort-sur-Mein]. *Franckf.*, 1752. in-4°.

1715. SPANGENBERG (D.). Ideen üb. Nothwendigkeit u. Organisation eines Handelsgerichts in Hamburg; [Quelques idées sur la nécessité d'un Tribunal de Commerce à Hambourg]. *Hamburg.*, 1814. in-8°.

1716. STARCK (Carol.-Fred.). De Commerciorum favore in Jure tam publico quam privato Francofurtensi conspicuo. *Gotting.*, 1796. in-4°.

1717. TANCK (Joach.-Lud.). Diss. inaug. de navi oppignorata ad art. 6, tit. IV, lib. III Juris Lubecensis. *Gotting.*, 1776.

1718. WERLHOF (Jo.). Diss. de Judicio admirabilitatis Hamburgensis. *Helmstadt*, 1709. in-4°.

1719. WIBEL (Tob.-Nic.). De læsione enormi in negotiis Mercatoriis Hamburgensium. *Jenœ*, 1794. in-4°.

1720. WIBOW (Pet.-Aug.). Diss. de depositione judiciali debiti Cambialis præsertim ex Jure Hamburgensi. *Gotting.*, 1795. in-4°.

1721. ZOLLER (Fred.-Gottl.). Diss. de avariâ particulari secundùm Statutum Hamburgense. *Lipsiæ*,
1774. in-4°.

1722. Der ehrbaren Hanseestädte Schifs-Ordnung
und Seerecht (Droit maritime et de navigation des
Villes Anséatiques]. *Lubeck*, 1697. in-4°.

1723. Lübeckische und derer Städte Holstein gebräuch-
liche See-und andere Rechte; [Droit maritime de
Lubeck et de Holstein]. *Lipsiæ*, 1707. in-4°.

1724. Hamburgh Laws of, respecting bills of exchange
carefully copied from the original MSS. in the ar-
chives of the Senate of Hamburg, translated into
English; [Lois d'Hambourg concernant les Lettres
de Change, etc.]. *London*, 1799. in-8°.

1725. Erneuerte u. verm. Ordn. in Wechsel u. anderen
Handelsgeschäften d. Kaiserl. freyen Reichs-Stadt
Franckfurt a. M.; [Nouvelles Ordonnances sur le
Change de Francfort-sur-le-Mein]. *Franckf. a. M.*,
1800. in-8°.

VINGTIÈME SUBDIVISION.

Wurtemberg.

1726. CANZ (Eberh.-Christ.). De Emptione venditione annuorum redituum etiam sine consensu
magistratus validâ. *Tubing.*, 1764. in-4°.

1727. KAPFF (Sixt.-Jac.). Diss. de locatione Cambii proprii in concursu creditorum. *Tubing.*, 1777.

1728. WEISSER (J.-F.-C.). Recht der Handwerker nach. allgemeinen Grundsätzen u. insbesondere nach. den herzogl. Würtembergischen Gesetzen entworfen; [Droit général des Ouvriers, et Essai sur le Droit particulier de Wurtemberg]. *Stuggart*, 1780. in-8°.

1729. Versuch über das Kaufmännische Speditionswesen in seinem Verhältnisse gegen den Staat; [Essai sur les Expéditions commerciales dans leurs rapports avec l'Etat]. *Stuggart*, 1804. in-8°.

FIN DE LA BIBLIOTHÈQUE DE JURISPRUDENCE COMMERCIALE.

Atcheson (Nathaniel), 1518.
Aunesley, 880.
Authæus (Phil.-Lud.), 176.
Averbach (Jo.-Georg.), 1545.
Ayrer (Geor.-Henr.), 395, 986, 1125, 1382, 1450.
Azpilcueta (Mart.), 409.
Azuni (Dom.-Alb.), 1, 684, 701, 941.

B.

Bachov ab Echt (Jo.-Fred.), n. 146, 987.
Backer (Corn.), 1619.
Baeza *alios* Beati (Gasp.), 1602.
Baldasseroni (Ascan.), 2, 828, 881, 882, 928.
Baldasseroni (Pompeio), 410.
Balduin (Franc.), 829,
Baldus, 1418.
Baleke (J.-H.), 1057.
Balthasar (Aug.), 1126, 1451, 1680,
Banck (Laur.), 1346.
Banniza (Jo.-Petr.), 1041.
Bardille (Burckhard), 616, 1042.
Bariani de Plazentia (Nic.), 587.
Barrère (Bernard), 1393.
Barrère (Bertrand), 942.
Barth (Gothof.), 815.
Barthenheim (Berth.), 1579.
Barthold (Fred.-Jac.), 1270.
Barzelotti (Giaeo.), 787.
Bastineller (Gebh.-Chr.), 541, 1271, 1272.
Baudeau (Nicolas), 3.
Baudiss (Léon), 373,

Brasker (Jo.), 837.
Brehm (G.-N.), 255, 330.
Brendel (Joh.-Christoph.), 1274.
Brentano (Steph.), 418.
Breuls (Herm.), 642.
Breuning (Chr.-Henr.), 122, 136, 204, 297, 516,
   532, 643, 988, 1060, 1099, 1362.
Brewer (Geo.), 1526.
Brockes (Barth.-Henr.), 419, 433.
Broeckel (G.), 348.
Broemel (J.-Henr.), 420.
Browne, 1527.
Bruchtings (D.-Aug.), 421.
Bruckner (Guill.), 375, 1420, 1421.
Brug (Matth.), 1286.
Brunnemann (Jo.), 349, 1138, 1396.
Brunquell (Jo.-Salom.), 1275, 1422.
Bucher (Joh.-Pet.) 1139.
Buchholtz, 1682.
Buchner (Jo.), 119.
Buchner (Joh.-God.-Sigism.-Alb.), 350.
Bucholz (Car.-Aug.), 888.
Budelius, 190.
Buininck (Jac.), 236, 1061.
Bunau (Henr.-Com. de), 706, 1461.
Burckchard (Jac.), 276.
Burg (Engelb.), 277, 278.
Burg (Petit.-Bapt.), 707.
Burges (J.-B.), 1528.
Burgmann (Jo.-Henr.), 1045.
Burns (J.-J.), 889, 1529.
Burrow (Jac.), 1530.

C.

D.

E.

F.

G.

H.

Hellwig (Joach.-Andr.), 1174.
Hencke (Arnold), 847.
Henne (Rud.-Chr.), 1175.
Hensel (S.), 1469.
Herbach (J.-Casp.), 405.
Herche (Conrad.), 719.
Hertius (Jo.-Nic.), 624, 995, 1400.
Hertling (Joh.-Fred.), 1470.
Hetzler (J.-L.), 539.
Hevia-Bolano (Jos. de), 38.
Hildebrand (Henr.), 577.
Hillig (Ch.-God.), 1649.
Hoch (Jos.-Pet.), 522.
Hoeckner (J.-Fred.), 523.
Hoepfner (Jo.-Ern.), 1176.
Hoffmann (God.-Dan.), 144, 155, 524, 670, 1472.
Hoffmann (G.-F.), 1471.
Hoffmann (J.-A.), 1696.
Hognov (Joan.), 720.
Hoheisel (Dan.-Fred.), 1401.
Holsts (Lud.), 721.
Holtermann (Arn.-Maur.), 138.
Holzhaver (G.-Fred.), 378.
Homborg (And.), 671.
Hommel (Carol.-Ferdin.), 1473.
Hommel (Chr.-Gotl.), 635.
Hommel (Ferd.-Aug.), 445.
Hoofmann (Cornel.), 400.
Hoop (Hubert.-Vander), 848.
Hopffer (Bened.), 156.
Hopkinson (Franc.), 1612.
Horix (Jo.), 722, 1474, 1588.

L.

M.

N.

O.

P.

I.   P

Q.

R.

S.

T.

U.

V.

Z.

Zoller (Fred.-Gott.), 125, 189, 614, 615, 1056,
    1095, 1674, 1721.
Zouche (Rich.), 784.
Zuarius (Rod.), 814.

N. B. On s'est borné, dans cette Table alphabétique,
aux seuls noms des Auteurs connus. L'indication des
ouvrages anonymes n'auroit pu être que la répétition
de leurs titres, et il est facile de les trouver dans l'ordre
des matières auxquelles ils se rapportent.

FIN.

Fautes à corriger.

Page x, lig. 23, lisez *Kaufleute*, au lieu de *Kauflente*.

Page xiij, lig. 29 et 30, lisez *Boehmer*, au lieu de *Bohemer;—Guen-ther*, au lieu de *Gunter*.

N. 7, lig. 1, lisez *Neueröffn.*, au lieu de *Never offn.*

N. 31, lig. 1, lisez *Cunningham*, au lieu de *Cunnighams*.

N. 52, lig. 1, lisez *Marquardus*, au lieu de *Marquadus*.

N. 60, supprimez cet article.

N. 79, lig. 1, lisez *Theodoric*, au lieu de *Theodosic*.

N. 106, lig. 2, lisez *der*, au lieu de *für*.

N. 107, lig. 1, lisez *legalia*, au lieu de *legalis*.

N. 112, lig. 2, supprimez le mot *Bibliothèque*.

Page xxxij, lig. 17, lisez *subdivision*, au lieu de *division*.

N. 192, lig. 1, lisez *Marperger*, au lieu de *Marpeger;* — *der*, au lieu de *derer*.

N. 233, lig. 2, lisez *den*, au lieu de *denen*. — Id., lig. 3, lisez *Dissertations juridiques*, au lieu de *Aperçu des principes*.

N. 289, lig. 1, lisez *Sauter*, au lieu de *Santer*.

N. 304, lig. 2, lisez *den*, au lieu de *die*.

N. 331, lig. 1, lisez *den*, au lieu de *die*. — Idem, lig. 2, lisez *Handelsbücher*, au lieu de *handelsbuchs*.

N. 355, lig. 6, supprimez *d'après le droit français*.

N. 396, lig. 4, lisez *téléologiques*, au lieu de *théologiques*.

N. 398, lig. 3, lisez *auf dem*, au lieu de *ouf den*.

N. 400, lig. 1, lisez *Hoofmann* (*Cornel.*), au lieu de *Hooffmann* (*Ernel.*).

N. 401, lig. 2, lisez *wahren*, au lieu de *wharen*.

N. 408, lig. 2, lisez *neuesten Wechselordnungen*, au lieu de *neverten Wechselordnung*.

N. 430, lig. 2, lisez *praktische*, au lieu de *pratische*.

N. 433, lig. 4, lisez *Brockes*, au lieu de *Brocken*.

N. 448, lig. 3, supprimez *et abgefert*.

N. 460, lig. 1, lisez *Manual*, au lieu de *Manualen*.

N. 482, lig. 2, lisez *1623*, au lieu de *1323*.

N. 488, lig. 1, lisez *einem*, au lieu de *einen*. — Idem, lig. 2, lisez *und*, au lieu de *and*.

N. 502, lig. 2, lisez *das*, au lieu de *der*. — Supprimez la traduction existante, et lisez : *Plan d'un Cours sur le Droit de Change.*

N. 515, lig. 2, lisez *Beitrag*, au lieu de *Bertrung*.

N. 562, lig. 4, lisez *der*, au lieu de *derer*.

N. 570, lig. 1, lisez *Becmann*, au lieu de *Beckmann*.

N. 571, lig. 2, lisez *und*, au lieu de *ub*; — *einem*, au lieu de *einen*. — Id., lig. 3, lisez *enstehen*, au lieu de *enstechen*.

N. 608, lig. 1, lisez *Rau*, au lieu de *Raius*.

N. 660, lig. 3, lisez *d'après les*, au lieu de *et des.*

N. 686, lig. 2, lisez *der bekanntesten*, au lieu de *den bekantesten.*

N. 697, lig. 24, après *Vid. n°*, ajoutez *686.*

N. 702, supprimez cet article.

N. 741, lig. 1, lisez *Seutter de Loezen*, au lieu de *Suetter de Lœzen.* — Id., lig. 2, lisez *Lindaugiœ in mari*, au lieu de *Lindegariœ in mare.*

N. 758, lig. 1 et 2, lisez *den Seerechten*, au lieu de *der Seerechte.*

N. 761, lig. 1, lisez *Wohlinstruirte*, au lieu de *Wohinstruirte.*

N. 789, lig. 1, lisez *Eckolt*, au lieu de *Eckolle.*

N. 842, lig. 1, lisez *Duvelaer*, au lieu de *Dwelaer.*

N. 855, lig. 3 et 4, lisez *und*, au lieu de *and*; — *etlicher See Städte*, au lieu de *etzlicher See Städt.*

N. 864, lig. 1, lisez *Recxstoot*, au lieu de *Recxstool.*

N. 994, lig. 1, lisez *Green (Aug.-Fred.)*, au lieu de *Grenier (Aug.-Fránc.).*

N. 1048, lig. 1, lisez *Gerschou*, au lieu de *Gezschou.*

N. 1122, lig. 2, lisez *Vor-und*, au lieu de *Vorund.*

N. 1160, lig. 3, supprimez la traduction existante, et lisez : *Recherche de la manière la plus économique de payer les frais de concours.*

N. 1189, lig. 1, lisez *Aug.*, au lieu de *Wilh.*

N. 1280, lig. 1 et 2, lisez *im Concurse*, au lieu de *u concurss.*

N. 1593, supprimez cet article.

N. 1672, lig. 1, lisez *Verlhof*, au lieu de *Verkof.*

Page ccvij, lig. 7, après *572*, ajoutez *890.*